KURSBUCH

TEILBAND 1

A1

Pluspunkt Deutsch

von Friederike Jin und Joachim Schote

Cornelsen

Pluspunkt Deutsch A1

Neue Ausgabe
Deutsch als Zweitsprache
Kursbuch
Teilband 1

Symbole

Hörverstehensübung (Hörtext auf CD)

Phonetikübung mit CD

Partnerübung

Im Auftrag des Verlages erarbeitet von Friederike Jin und Joachim Schote

In Zusammenarbeit mit der Redaktion:
Maria Funk und Dagmar Garve (verantwortliche Redakteurinnen), Andrea Mackensen, Gunther Weimann (Projektleitung)

Redaktionelle Mitarbeit: Dieter Maenner
Bildredaktion: Katharina Hoppe-Brill
Unter besonderer Mitwirkung von: Georg Krüger

Beratende Mitwirkung: Annekatrin Bach (Colmnitz), Jutta Neumann (Duisburg), Ina Schiffhauer (Berlin), Dr. Vesna Stanicic-Burchards (Norderstedt)

Illustrationen: Matthias Pflügner
Gesamtgestaltung und technische Umsetzung: SOFAROBOTNIK, Augsburg und München

Autoren von Pluspunkt Deutsch · Der Integrationskurs: Georg Krüger und Matthias Merkelbach

www.cornelsen.de

1. Auflage, 1. Druck 2009

Alle Drucke dieser Auflage sind inhaltlich unverändert und können im Unterricht nebeneinander verwendet werden.

Druck: CS-Druck CornelsenStürtz, Berlin

ISBN 978-3-06-024273-3

Inhalt gedruckt auf säurefreiem Papier aus nachhaltiger Forstwirtschaft.

Pluspunkt Deutsch • Neue Ausgabe auf einen Blick

Pluspunkt Deutsch • Neue Ausgabe ist ein Grundstufenlehrwerk für Erwachsene ohne Deutsch-Vorkenntnisse. Es ist besonders geeignet für Lernende mit unterschiedlichen Voraussetzungen und Lernerfahrungen. **Pluspunkt Deutsch • Neue Ausgabe** orientiert sich eng an den Vorgaben des neuen Rahmencurriculums für Integrationskurse und setzt die Kannbeschreibungen des Gemeinsamen europäischen Referenzrahmens konsequent um. Das Lehrwerk führt zum *Zertifikat Deutsch* und bereitet auf den *Deutsch-Test für Zuwanderer* vor.

Das **Kursbuch** enthält sieben Lektionen, zwei fakultative Stationen und einen Anhang.
Jede Lektion beginnt mit einer bilderreichen Auftaktseite, die an den Wortschatz und das Thema heranführt. Es folgen drei Doppelseiten, auf denen der Lernstoff in thematisch abgeschlossenen Blöcken kleinschrittig präsentiert wird. Im Vordergrund stehen Themen des alltäglichen Lebens und ihre sprachliche Bewältigung, wobei die Grundfertigkeiten Sprechen, Hörverstehen, Leseverstehen und Schreiben systematisch und integriert trainiert werden. Die Doppelseite *Alles klar!* bietet Übungen zur aktiven Selbstevaluation. Die abschließende *Gewusst-wie*-Seite fasst die wichtigsten Redemittel und grammatischen Strukturen übersichtlich zusammen.
Die fakultativen Stationen bieten auf jeweils einer Doppelseite Möglichkeiten zur spielerischen Wiederholung des Gelernten.
Der Anhang umfasst:
- Phonetikübungen, die den einzelnen Lektionen zugeordnet sind,
- eine systematische Zusammenfassung der Grammatik,
- eine Liste der unregelmäßigen Verben,
- die Hörtexte, die nicht in den Lektionen abgedruckt sind,
- eine alphabetische Wortliste mit den jeweiligen Fundstellen und
- Bildkarten zur Wiederholung und Vertiefung wichtiger Wortfelder.

Die **Audio-CD** enthält alle Hörtexte und Phonetikübungen aus dem Kursbuch.

Das **Arbeitsbuch** mit eingelegter **Lerner-Audio-CD** unterstützt die Arbeit mit dem Kursbuch. Es enthält ein umfangreiches Übungsangebot mit ausgewiesenen Übungen zur Binnendifferenzierung. Auf den *Deutsch-Plus*-Seiten wird das Gelernte vertieft und explizit das Hör- und Leseverstehen trainiert. Die letzte Doppelseite enthält den Lernwortschatz der Lektion sowie ein gezieltes Wortschatztraining mit Lerntipps. In den Stationen können die Lernenden ihren Sprachlernstand selbst überprüfen. Am Ende jeder Niveaustufe findet sich eine gezielte Prüfungsvorbereitung.

Die **Handreichungen für den Unterricht** enthalten Tipps für den Unterricht, Vorschläge für Differenzierungsmaßnahmen sowie Kopiervorlagen und Tests.

Der **Arbeitsblattgenerator** mit Textanalysetool macht Ihre Unterrichtsvorbereitung noch einfacher. Mit verschiedenen Werkzeugen können Sie schnell und einfach eigene Arbeitsblätter erstellen und ein Analysetool hilft Ihnen, eigene Texte an den Lernstand Ihres Kurses anzupassen.

Unter **www.cornelsen.de/pluspunkt-neu** gibt es für die Arbeit mit **Pluspunkt Deutsch • Neue Ausgabe** Zusatzmaterialien, Übungen und didaktische Tipps sowie interessante Links.

Viel Spaß und Erfolg mit **Pluspunkt Deutsch • Neue Ausgabe** wünschen

Autoren und Cornelsen Verlag

Inhalt Teilband 1

Themen und Texte	Rahmencurriculum für Integrationskurse/Gemeinsamer europäischer Referenzrahmen
• Kennenlerngespräche • Beruf • Zahlen bis 20 • Texte: Stellenanzeigen	• Kann Kontakt aufnehmen. • Kann sich und andere vorstellen. • Kann jemanden ansprechen. • Kann die Anredeform klären. • Kann Gespräche und Begegnungen adäquat beenden. • Kann die wichtigsten Informationen von Stellenanzeigen verstehen. • Kann fragen, wie es einer Person geht.
• Länder, Kontinente • Nationalität, Sprachen • im Kursraum • Zahlen ab 20 • Kindergarten • Texte: Visitenkarte	• Kann über seine/ihre Herkunft sprechen. • Kann sich nach Betreuungseinrichtungen erkundigen.
• Wohnung und Einrichtung • Farben • ein Mehrfamilienhaus • Texte: Wohnungsanzeigen	• Kann ausdrücken, inwieweit ihm/ihr etwas gefällt oder missfällt. • Kann aus Werbeanzeigen relevante Informationen entnehmen, z. B. Marken, Preise. • Kann grundlegende einfache Informationen zu Produkten erfragen. • Kann die wichtigsten Abkürzungen in Wohnungsanzeigen verstehen.
• Verwandtschaftsbezeichnungen • Sehenswürdigkeiten • Familien früher • Texte: Radiointerview	• Kann gemeinsame Aktivitäten vereinbaren. • Kann etwas ablehnen. • Kann die eigene Familie beschreiben. • Kann über die eigene Freizeit sprechen.
• Freizeitaktivitäten • Tageszeiten, Uhrzeit • Wochentage • Texte: Terminkalender	• Kann ausdrücken, wie er/sie zu einem Vorschlag eines Gesprächspartners steht. • Kann gemeinsame Aktivitäten vereinbaren. • Kann etwas ablehnen. • Kann, auch telefonisch, auf einfache Fragen zu Ort und Zeit Auskunft geben. • Kann dem Fernsehprogramm die wesentlichen Informationen entnehmen. • Kann sagen, was er/sie an einem normalen Tag macht.
• Lebensmittel • Verpackungen • Einkaufssituationen • Texte: Einkaufszettel	• Kann Neigungen ausdrücken. • Kann gut verständlich Zahlenangaben machen, z. B. Preise wiederholen, Größen angeben.
• Berufe • Arbeitsalltag • Bankgeschäfte • Texte: Überweisungsformular	• Kann ein Formular ausfüllen. • Kann um Unterstützung bitten. • Kann wichtige Formulare im Zahlungsverkehr ausfüllen. • Kann einfach und klar wichtige Auskünfte geben, z. B. dass er/sie einen bestimmten Job ausüben möchte. • Kann bei der Bedienung von Automaten die erforderlichen Daten eingeben. • Kann einem Kontoauszug wesentliche Informationen entnehmen.

Inhalt Teilband 2

Themen und Texte	Rahmencurriculum für Integrationskurse/Gemeinsamer europäischer Referenzrahmen
• Arztschilder • Körperteile • Texte: Entschuldigungsschreiben Notrufregeln	• Kann Auskünfte zur Person bei der Anmeldung beim Arzt geben. • Kann mitteilen, wie es ihm/ihr geht, und beschreiben, was ihm/ihr wehtut. • Kann im Gespräch mit Ärzten relevante Informationen verstehen. • Kann sich mit einfachen Worten krankmelden. • Kann eine kurze schriftliche Entschuldigung bei Krankheit schreiben. • Kann Adressen und Öffnungszeiten von Ärzten erfragen. • Kann telefonisch einen Notruf tätigen und die wichtigsten Informationen nennen.
• Verkehrsmittel • Texte: Infotext	• Kann Hinweisschildern die wichtigsten Informationen entnehmen. • Kann Fahrplänen für ihn/sie relevante Informationen entnehmen. • Kann relevante Abkürzungen in Fahrplänen verstehen.
• Früheres Leben • Urlaub • Texte: Postkarte	• Kann über sich und seine Situation im Herkunftsland sprechen. • Kann eine kurze einfache Postkarte mit Feriengrüßen schreiben. • Kann Feriengrüße auf einer Postkarte verstehen.
• ein Formular ausfüllen • persönliche Informationen • Texte: Formular	• Kann mit einfachen Worten sagen, dass er/sie nicht weiß, wie etwas auf Deutsch heißt. • Kann nachfragen, wenn er/sie etwas nicht verstanden hat. • Kann jemanden bitten, ihm/ihr beim Ausfüllen eines Formulars zu helfen. • Kann am Informationsschalter gezielt Auskünfte erfragen. • Kann sich über Beratungseinrichtungen informieren, z. B. über die Öffnungszeiten, Adresse. • Kann in einem Formular persönliche Daten eintragen.
• Kleidungsstücke und Geschäfte • Texte: Katalog Hinweistafeln	• Kann sagen, wie er/sie alltägliche Dinge findet. • Kann Informationen zu Produkten erfragen (Preis, Größe, Abteilung). • Kann Zahlenangaben machen (Preis, Größe). • Kann das Wesentliche aus Produktinformationen auffinden und entnehmen. • Kann im Internet Bestellungen aufgeben und Bestellformulare ausfüllen.
• die Monate • das Wetter • Texte: Wettervorhersagen Anzeigetafel Reiseprospekt	• Kann am Schalter Informationen (Abfahrtszeiten, Preise) erfragen. • Kann einen Platz reservieren. • Kann nach dem Weg fragen und das Wesentliche einer Wegbeschreibung verstehen. • Kann einen Weg beschreiben.
• Smalltalk • Texte: Einladung formeller Brief	• Kann mit einer Postkarte/E-Mail zu einer Feier einladen. • Kann sich für eine Einladung bedanken und zusagen oder freundlich absagen. • Kann sich nach Betreuungseinrichtungen erkundigen. • Kann die wesentlichen Informationen einer Mitteilung eines Hausbewohners am Schwarzen Brett verstehen (Einladung zum Hoffest). • Kann einfache und kurze Mitteilungen für Mitbewohner verfassen.

Sprache im Kurs

1. Schreiben Sie.

2. Hören Sie.

3. Ergänzen Sie.

4. Kreuzen Sie an.

5. Lesen Sie.

6. Spielen Sie Dialoge.

Sie lernen:
- sich begrüßen
- nach Namen, Herkunft, Beruf fragen
- Zahlen, Buchstaben

1

Willkommen!

1 Ü1 **Wie heißen Sie? Hören und lesen Sie. Stellen Sie sich im Kurs vor.** 2

Guten Tag. Mein Name ist Georg Krüger. Wie heißen Sie?

Ich heiße Tamara Subova.

2a Ü2 **Woher kommen Sie? Hören und lesen Sie.** 3

Woher kommen Sie?

Ich komme aus Russland.

2b **Fragen und antworten Sie.**

Woher kommen Sie?

Ich komme ...

- aus Russland.
- aus Peru.
- aus der Türkei.
- aus der Ukraine.
- aus dem Iran.
- ...

3 Ü3 **Schreiben Sie eine Namenskarte und stellen Sie sich im Kurs vor.**

A Guten Tag

1a Hören Sie den Dialog. 4

Ü4

Ahmet Usta: Guten Morgen. Ich bin neu hier im Haus. Ich heiße Ahmet Usta.
Sergej Brodsky: Entschuldigung, wie heißen Sie?
Ahmet Usta: Mein Name ist Ahmet Usta.
Sergej Brodsky: Ich bin Sergej Brodsky. Ich wohne schon lange hier.

1b Hören Sie noch einmal und lesen Sie. 4

1c Fragen und antworten Sie.

Ich bin neu hier in München. Ich heiße ...

Entschuldigung, wie heißen Sie? Mein Name ist ...

2a Ergänzen Sie.

Ü5–7

Wer ist das?

Das ist Elena Brodsky.

Wer ist das?

Wer ist das?

2b Spielen Sie im Kurs.

3a Hören Sie die Dialoge und ordnen Sie die Fotos zu. 5

A

B

C

D

1 B
- Guten Tag, Frau Huber!
- Guten Tag, Frau Lindner. Wie geht es Ihnen?
- Danke, gut und Ihnen?
- Danke, es geht.

2 ▢
- Hallo, Martin.
- Hallo, Tom! Wie geht es dir?

3 ▢
- Hallo! Wie heißt du?
- Mahmut. Wer bist du?
- Ich bin Laura.

4 ▢
- Guten Tag. Wie heißen Sie?
- Ich heiße Anna Blank. Und Sie?
- Ich bin Peter Müller.

5 ▢
- Auf Wiedersehen, Herr Müller.
- Auf Wiedersehen, Frau Blank. Bis bald.

6 ▢
- Tschüss, Laura.
- Tschüss, Mahmut.

3b Lesen Sie die Dialoge im Kurs und entscheiden Sie: formell oder informell?

Ü8–11

4 Hören Sie und kreuzen Sie an: Welche Antwort passt? 6

Ü12+13

1. ○ Hallo, Tim. Wie geht es dir?
   ○ Auf Wiedersehen, Herr Meier.
2. ○ Guten Tag, Herr Schneider.
   ○ Tschüss, Alexander. Bis später.
3. ○ Danke, gut und Ihnen?
   ○ Danke, gut und dir?
4. ○ Ich heiße Lina Kraus und Sie?
   ○ Ich heiße Maria und du?
5. ○ Tschüss, Klaus. Bis morgen.
   ○ Auf Wiedersehen, Herr Schneider.
6. ○ Ich bin Anita. Wie heißt du?
   ○ Ich bin Peter Meier und wie heißen Sie?

5 Fragen und antworten Sie im Kurs.

B Was machst du?

1a Ü14 **Hören Sie die Dialoge und ordnen Sie die Bilder zu.** 7

1. Was machst du?
   Ich lerne Deutsch.
2. Was macht ihr?
   Wir machen Hausaufgaben.
3. Wie heißen Sie?
   Ich heiße Katrin Fink.
4. Woher kommen Sie?
   Wir kommen aus Norwegen.

1b **Lesen Sie die Dialoge noch einmal und markieren Sie die Endungen beim Verb.**

2a Ü15–17 **Ergänzen Sie.**

1. Woher komm *en* Sie? Ich komm *e* aus Spanien.
2. Was mach ___ du? Ich mach ___ Hausaufgaben.
3. Wo wohn ___ ihr? Wir wohn ___ in Hamburg.
4. Wie heiß ___ Sie? Ich heiß ___ Müller.

	lernen	heißen
ich	lern**e**	heiß**e**
du	lern**st**	heiß**t**
wir	lern**en**	heiß**en**
ihr	lern**t**	heiß**t**
Sie	lern**en**	heiß**en**

2b Ü18+19 **Ergänzen Sie das Verb *sein*.**

1. Ich ______ Maria. Wer ______ du?
2. Wir ______ Peter und Monika. Wer ______ ihr?

	sein		
ich	bin	wir	sind
du	bist	ihr	seid
		Sie	sind

3 Ü20 **Fragen und antworten Sie im Kurs.**

1. Wie heißen Sie?
2. Woher ...
3. Wo ...
4. Was ...
5. Wie ...

C Buchstaben

1 Ü21

Hören Sie das Alphabet und sprechen Sie die Buchstaben nach. 8

Aa Bb Cc Dd Ee Ff Gg Hh

Ii Jj Kk Ll Mm Nn Oo Pp

Qq Rr Ss Tt Uu Vv Ww Xx

Yy Zz Ää Öö Üü ß

2 Ü22

Hören Sie und notieren Sie die Buchstaben. 9

1. A 3. ___ 5. ___ 7. ___ 9. ___ 11. ___

2. ___ 4. ___ 6. ___ 8. ___ 10. ___ 12. ___

3 Ü23

Hören Sie und notieren Sie die Namen. 10

- Wie heißen Sie?
- Joachim Schote.
- Wie bitte? Wie schreibt man das?
- Moment, ich buchstabiere:

1. J O A C H I M S C H O T E 3. ___

2. ___ 4. ___

4

Fragen und antworten Sie im Kurs.

D Zahlen bis 20

1 Ü24

Zahlen bis 20. Hören Sie und sprechen Sie die Zahlen nach. 11

0 null

1 eins	6 sechs	11 elf	16 sechzehn
2 zwei	7 sieben	12 zwölf	17 siebzehn
3 drei	8 acht	13 dreizehn	18 achtzehn
4 vier	9 neun	14 vierzehn	19 neunzehn
5 fünf	10 zehn	15 fünfzehn	20 zwanzig

2 Ü25

Wie heißen die Hausnummern? Schreiben Sie die Zahlen.

neunzehn

3

Autokennzeichen. Hören Sie und notieren Sie. Hören Sie noch einmal und schreiben Sie die Zahlen. 12

1. D HH FK 6341
   sechs drei vier eins
2. D
3. D
4. D
5.
6. A

4

Wie viel ist ...? Fragen und antworten Sie im Kurs.

i

\+ plus
– minus
= ist gleich

E Was sind Sie von Beruf?

1 Welcher Beruf ist das? Ordnen Sie zu.

Ü26+27

1. Taxifahrer
2. Ärztin
3. Sekretärin
4. Verkäufer
5. Bauarbeiter
6. Lehrerin

2 Hören Sie und kreuzen Sie an: Welche Antwort ist richtig? 13

Ü28

- Was sind Sie von Beruf?
- O Ich bin Friseurin.
- O Ich bin Sekretärin.

- Was bist du von Beruf?
- O Ich bin Taxifahrer.
- O Ich bin Koch.

3 Fragen und antworten Sie im Kurs. Sammeln Sie gemeinsam Berufe.

Ü29

Name	Beruf
Alla	Hausfrau
Mehmed	Tischler
John	Verkäufer
Nina	Studentin

4 Lesen Sie die Anzeigen und ergänzen Sie die Tabelle.

1
Wir suchen:
Friseur/in
Friseursalon Hartmann
03379 / 51 43 79

2
Pizzeria Romana
sucht
Koch/Köchin
Tel. 0531 / 436 12

3
Wir suchen:
Taxifahrer/in
TAXI RODEN
Tel. 040 / 821 79 21

	Anzeige 1	Anzeige 2	Anzeige 3
Beruf	Friseur/in		
Firma			
Telefon			

1 Alles klar!

Kommunikation

1a Fragen und Antworten. Verbinden Sie. Kontrollieren Sie dann mit der CD. 14

Wie heißen Sie? **1**	**A** Ich bin Friseurin.
Woher kommen Sie? **2**	**B** Ich heiße Sarafina Diop.
Was sind Sie von Beruf? **3**	**C** Ich komme aus Togo.

1b Und Sie? Antworten Sie auf die Fragen in 1a.

Ich heiße

2 Formell oder informell? Ordnen Sie die Sätze.

Woher kommen Sie? – ~~Wo wohnen Sie?~~ – Wie heißt ihr? – Was sind Sie von Beruf? – ~~Wo wohnst du?~~ – Wer bist du?

formell	informell
Wo wohnen Sie?	*Wo wohnst du?*

Wortschatz

3 Wie heißen die Städte? Hören Sie und schreiben Sie. 15

1. *F R A N K F U R T*
2.
3.
4.
5.
6.

4 Schreiben Sie die Zahlen.

2	*zwei*	6		12		18	
4		10		15		14	

5 Welche Berufe kennen Sie? Schreiben Sie.

1.	Koch	Köchin
2.		
3.		
4.		
5.		

Grammatik

6 Ergänzen Sie die Tabelle.

	lernen	wohnen	kommen	heißen	sein
ich					
du					
wir					
ihr					
Sie					

7 Ergänzen Sie die Verben.

bin – ~~heiße~~ – sind – wohne – lerne – bin – wohnen – heiße – wohnt

1. Ich heiße Maria. Ich ______ neu hier und ich ______ Deutsch.
2. Ich ______ Ilia Iwanow. Ich ______ in Frankfurt.
3. ◖ Was ______ Sie von Beruf? ◖ Ich ______ Lehrerin.
4. ◖ Wo ______ ihr? ◖ Wir ______ in Berlin.

Flüssig sprechen

8 Hören Sie zu und sprechen Sie nach. 16

1 Gewusst wie

Kommunikation

Sich begrüßen

- Guten Morgen. / Guten Tag.
- Wie geht es Ihnen?
- Danke, gut. Und Ihnen?

- Hallo, wie geht es dir?
- Danke, gut. Und dir?

Sich verabschieden

- Auf Wiedersehen!
- Tschüss!

Sich vorstellen

- Wie heißen Sie? / Wie heißt du?
- Ich heiße ...

- Entschuldigung, wie heißen Sie? / Entschuldigung, wie heißt du?

- Woher kommen Sie? / Woher kommst du?
- Ich komme aus ...

- Wo wohnen Sie? / Wo wohnst du?
- Ich wohne in ...

- Was sind Sie von Beruf? / Was bist du von Beruf?
- Ich bin ...

Grammatik

Verben im Präsens

	fragen	**heißen**
ich	frag**e**	heiß**e**
du	frag**st**	heiß**t**
wir	frag**en**	heiß**en**
ihr	frag**t**	heiß**t**
Sie	frag**en**	heiß**en**

Das Verb *sein*

	sein
ich	bin
du	bist
wir	sind
ihr	seid
Sie	sind

Berufe

Friseur	Friseurin
Taxifahrer	Taxifahrerin
Verkäufer	Verkäuferin
Koch	Köchin
Arzt	Ärztin

Sie lernen:

- über Länder und Kontinente sprechen
- W-Fragen
- persönliche Informationen geben
- Zahlen ab 20
- den bestimmten und unbestimmten Artikel
- Singular und Plural
- Personalpronomen

2

Alte Heimat, neue Heimat

1 Ü1

Welches Foto passt zu welchem Kontinent? Ordnen Sie zu.

Afrika: Foto ___	Australien: Foto ___	Nordamerika: Foto ___
Asien: Foto ___	Europa: Foto ___	Südamerika: Foto ___

2a Ü2

Wo liegt ...? Fragen und antworten Sie.

Wo liegt Deutschland?

Deutschland liegt in Europa.

Wo liegt China?

... China? ... Japan? ... Peru? ... Kenia? ... Ägypten? ... Spanien? ...

2b

Und woher kommen Sie?

Ich komme aus Ungarn. Ungarn liegt in Europa.

i

Ich komme **aus** Russland, **aus** Spanien, **aus** Italien, ...
Ich komme **aus der** Türkei, **aus der** Ukraine, **aus dem** Iran, ...

A Nationalität und Sprache

1a Woher kommen Rosa, Jeannette, Chan, Kemal und Wojtek? Hören Sie. 17

1b Lesen Sie die Texte und kreuzen Sie an: richtig oder falsch?

1

Ich komme aus Mexiko und spreche Spanisch. Aber jetzt spreche ich auch ein bisschen Deutsch.

2

Ich bin Französin und komme aus Paris. Ich bleibe ein Jahr in Deutschland und lerne Deutsch.

3

Ich bin neu in Deutschland und komme aus China. Ich spreche Deutsch und Chinesisch und arbeite in Frankfurt.

4

Ich komme aus der Türkei. Meine Muttersprache ist Türkisch. Ich bin neu in Deutschland und lerne jetzt Deutsch. Ich spreche auch Englisch.

5

Ich heiße Wojtek. Ich bin Pole. Vielleicht finde ich Arbeit in Deutschland und bleibe hier.

	R	F
1. Rosa kommt aus Spanien.	○	☒
2. Jeannette kommt aus Paris.	○	○
3. Chan spricht Deutsch.	○	○
4. Kemal wohnt schon lange in Deutschland.	○	○
5. Wojtek arbeitet in Deutschland.	○	○

Das ist richtig. *Das ist falsch.*

1c Ergänzen Sie die Tabelle.

	Rosa	Jeannette	Chan	Kemal	Wojtek
Land		*Frankreich*			*Polen*
Nationalität	*Mexikanerin*		*Chinese*	*Türke*	
Sprache/n		*Französisch*			*Polnisch*

2a Ergänzen Sie.

Ü3

1 

2 

3 

> **!**
> Marisa → sie
> Olaf → er
> Marisa & Olaf (Pl.) → sie

1. Marisa, Olaf und Sunicha sind neu in Deutschland. *Sie* wohnen in München. ___ lernen Deutsch in einer Sprachschule.
2. Das ist Marisa. *Sie* kommt aus Brasilien. ___ ist Brasilianerin und ___ spricht Portugiesisch.
3. Olaf kommt aus Schweden. *Er* ist Schwede. ___ spricht Schwedisch.
4. Sunicha kommt aus Thailand. ___ ist Thailänderin. ___ spricht Thailändisch und ein bisschen Deutsch.

2b Chan aus China. Ergänzen Sie den Text.

Ü4

Das ist Chan. Er ___ aus China. Chan ___ Chinese. Er ___ in Frankfurt.

> **!**

	kommen	arbeiten	sein
er/sie	kommt	arbeitet	ist
sie (Pl.)	kommen	arbeiten	sind

3a Nationalitäten und Sprachen im Kurs. Machen Sie eine Liste.

NAME	LAND	NATIONALITÄT	SPRACHE
Gül	Türkei	Türkin	Türkisch
Pawel	Polen	Pole	Polnisch
...			

Woher kommst du?

Was ist deine Nationalität?

Wie heißen Sie?

Welche Sprachen sprechen Sie?

3b Stellen Sie Ihren Partner oder Ihre Partnerin vor.

Ü5

Das ist Gül.

Sie kommt aus der Türkei.

Sie ist ...

Sie spricht ...

> **!**

	sprechen
ich	spreche
du	sprichst
er/sie	spricht

4 Ein Würfelspiel mit Verben. Würfeln Sie und sagen Sie das Verb in der richtigen Form.

Ü6+7

⚀ ich ⚁ du ⚂ er/sie ⚃ wir ⚄ ihr ⚅ sie/Sie

arbeiten – kommen – lernen – machen – sein – heißen – wohnen

B Unser Deutschkurs

1a Was gibt es auf dem Bild? Hören Sie die Wörter und sprechen Sie nach. 18

Ü8

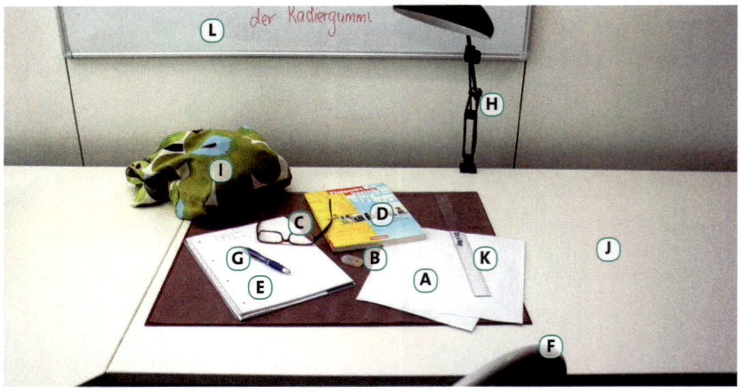

!
m = der
n = das
f = die

A. O das Papier
B. O der Radiergummi
C. O die Brille
D. O das Buch
E. O das Heft
F. O der Stuhl
G. O der Kugelschreiber
H. O die Lampe
I. O die Tasche
J. O der Tisch
K. O das Lineal
L. O die Tafel

1b Hören Sie und kreuzen Sie in 1a an: Welche Wörter hören Sie? 19

1c Buchstabieren Sie.

Wie heißt A) auf Deutsch?

Papier.

Wie schreibt man das?

P A P I E R

2a Markieren Sie den unbestimmten und bestimmten Artikel wie im Beispiel.

i
€ = Euro

Das ist **ein** Radiergummi.
Der Radiergummi kostet 2 €.

Das ist ein Buch.
Das Buch kostet 10 €.

Das ist eine Tasche.
Die Tasche kostet 15 €.

2b Ergänzen Sie den unbestimmten Artikel.

der Stuhl *ein* Stuhl die Lampe ______ Lampe das Heft ______ Heft

2c Fragen und antworten Sie im Kurs.

Ü9

Das ist ein Heft.

Das Heft kostet 2 €.

3a Singular und Plural. Markieren Sie die Endungen.

die Tasche – die Tasche**n** | der Bleistift – die Bleistifte | das Buch – die Bücher

In der Wortliste finden Sie die Pluralformen so:

Pluralendung	Umlaut + Pluralendung	keine Endung im Plural
die Tasche, **-n** (= die Tasche**n**)	das Buch, **¨-er** (= die B**ü**ch**er**)	das Fenster, - (= die Fenster)

3b Suchen Sie den Plural in der Wortliste auf Seite 101.

Ü10+11

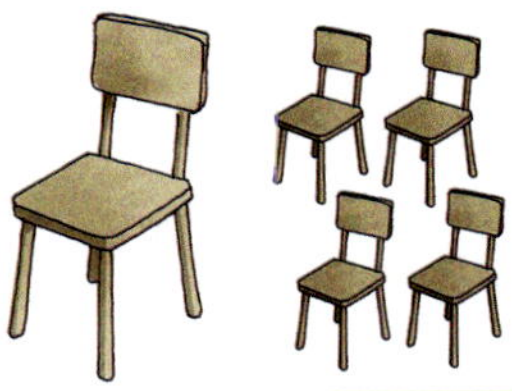

der Stuhl – die ______

der Computer – die ______

der Tisch – die ______

das Kind – die ______

das Auto – die ______

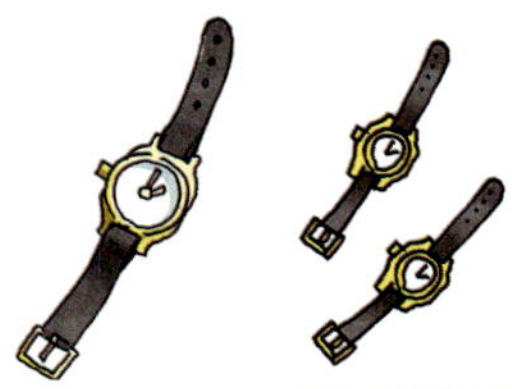

die Uhr – die ______

3c Artikel im Plural. Schreiben Sie Sätze wie im Beispiel.

1. *Das ist ein Stuhl. Das sind Stühle.*
2. ______
3. ______
4. ______

!

Artikel
m → der / ein
n → das / ein
f → die / eine
Pl. → die / –

4 Wie viele ... sind im Kursraum? Fragen und antworten Sie im Kurs.

Ü12

Wie viele Stühle sind im Kursraum?

Im Kursraum sind zwanzig Stühle.

Wie viele ... ?

C Zahlen, Zahlen, Zahlen

1 Ü13

Zahlen bis 100. Hören Sie und lesen Sie dann laut. 20

20	zwanzig	30	dreißig	80	achtzig
21	einundzwanzig	40	vierzig	90	neunzig
22	zweiundzwanzig	50	fünfzig	100	hundert/ einhundert
23	dreiundzwanzig	60	sechzig		
...		70	siebzig		

2 Ü14+15

Schreiben Sie die Zahlen in Ihr Heft und lesen Sie laut.

45 – fünfundvierzig

3 Ü16+17

Hören Sie und notieren Sie die Telefonnummern. 21

Thomas:		Matteo:		Tamara:	
Birte:		Herr Mai:		Sandra:	

4a Ü18

Beim Berlin-Marathon. Schreiben Sie die Zahlen.

1. *696* sechshundertsechsundneunzig
2. ______ zweihundertfünfundvierzig
3. ______ dreihundertzweiundsiebzig
4. ______ vierhundertdreiundachtzig
5. ______ achthundertvierundzwanzig
6. ______ siebenhundertsiebzehn
7. ______ fünfhundertachtunddreißig
8. ______ einhundertelf

i Zahlen ab 100

101	(ein)hunderteins
102	(ein)hundertzwei
...	
110	(ein)hundertzehn
120	(ein)hundertzwanzig
...	
200	zweihundert
...	
1000	(ein)tausend

4b

Hören Sie die Zahlen und sprechen Sie nach. 22

D Wie ist Ihre Adresse?

1 Eine Visitenkarte verstehen. Ordnen Sie zu.

Ü19

1. die Straße
2. die Vorwahl
3. die Telefonnummer
4. die Postleitzahl
5. die Hausnummer

2a Hören und lesen Sie. Notieren Sie die Angaben auf dem Notizzettel. 23

Ü20+21

Patrizia Hesse: Kita Immergrün, Patrizia Hesse.
Thomas Kuhn: Guten Tag, hier spricht Thomas Kuhn. Mein Sohn Robert ist drei Jahre alt. Wir suchen eine Kita. Haben Sie noch Plätze frei?
Patrizia Hesse: Wie ist Ihr Name und Ihre Adresse?
Thomas Kuhn: Thomas Kuhn, Naumannstraße 11 in Berlin. Die Postleitzahl ist 10829.
Patrizia Hesse: Und die Telefonnummer?
Thomas Kuhn: Die Telefonnummer ist 612 45 07.
Patrizia Hesse: Gut. Wir schicken Ihnen ein Anmeldeformular.
Thomas Kuhn: Vielen Dank und auf Wiederhören!
Patrizia Hesse: Auf Wiederhören!

Name: *Thomas Kuhn*
Adresse: ____________
____
Telefonnummer: ____________

2b Beantworten Sie die Fragen.

1. Wie alt ist Robert?
2. Wie ist die Hausnummer von Familie Kuhn?
3. Wie ist die Postleitzahl?

3 Fragen und antworten Sie.

Ü22

- Wie heißen Sie?
- Wo wohnen Sie?
- Wie ist Ihre Adresse?
- Welche Sprachen sprechen Sie?
- Wie ist Ihre Telefonnummer?

- Wie heißt du?
- Wo wohnst du?
- Wie ist deine Adresse?
- Welche Sprachen sprichst du?
- Wie ist deine Telefonnummer?

2 Alles klar!

Kommunikation

1 Ergänzen Sie die Fragewörter.

Woher – Was – Wo – Wie – Wie

1. ______ wohnen Sie?
2. ______ kommen Sie?
3. ______ ist Ihre Adresse?
4. ______ ist Ihre Telefonnummer?
5. ______ sind Sie von Beruf?

2a Hören Sie das Interview und ergänzen Sie das Formular. 24

Name: *Linda Mankell*
Adresse: *Kantstraße*
Berlin
Heimatland: ______
Muttersprache: ______
Alter: ______
Beruf: ______

2b Ergänzen Sie Ihre eigenen Daten und berichten Sie.

Name: ______
Adresse: ______
______
Heimatland: ______
Muttersprache: ______
Alter: ______
Beruf: ______

Ich heiße ...
Ich wohne ...

3 Fragen und antworten Sie im Kurs.

1 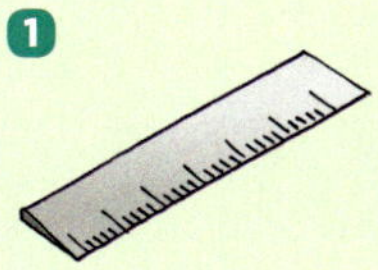

2 

3 

4 

5 

- Was ist Nummer eins?
- Das ist ein ...

- Wie buchstabiert man das?
- L I ...

- Wie heißt der Plural?
- Die ...

Wortschatz

4 Was gehört zusammen? Ordnen Sie zu.

Name **1** o	o **A** 46 37 25 45
Straße **2** o	o **B** Berlin: 030
Telefonnummer **3** o	o **C** Peter Müller
Postleitzahl **4** o	o **D** Erich-Mühsam-Straße 66
Vorwahl **5** o	o **E** 14197

5 Wie geht die Zahlenreihe weiter? Lesen Sie laut vor.

1. 15 – 20 – 25 – 30 – 35 – ____ – ____ – ____ – ____ – ____ – ____
2. 101 – 99 – 97 – 95 – 93 – ____ – ____ – ____ – ____ – ____ – ____
3. 123 – 122 – 120 – 117 – ____ – ____ – ____ – ____ – ____ – ____

Grammatik

6 Ergänzen Sie die Tabelle.

	bestimmter Artikel	unbestimmter Artikel	Plural
m (maskulin)	*Kontinent*		
n (neutral)			*Länder*
f (feminin)		*Sprache*	

7 Schreiben Sie Fragen.

1. ist – wie – Ihre – Adresse?

____

2. kommen – Sie – woher?

____

3. Sie – welche Sprachen – sprechen?

____

Flüssig sprechen

8 Hören Sie zu und sprechen Sie nach. 25

2 Gewusst wie

Kommunikation

Adresse/Telefonnummer

- Wie ist Ihre/deine Adresse?
- Ich wohne in der Schillerstraße 18 in ...
  Die Postleitzahl ist ...
- Wie ist Ihre/deine Telefonnummer?
- Meine Telefonnummer ist ...

Muttersprache/Nationalität

- Welche Sprachen sprechen Sie / sprichst du?
- Ich spreche ...
- Was ist Ihre / deine Nationalität?
- Ich bin ...

Jemanden vorstellen

- Das ist Boris. Er kommt aus Russland. Boris ist Russe. Er arbeitet in Frankfurt.

Grammatik

Nomen und Artikel

	bestimmter Artikel	unbestimmter Artikel
m (maskulin)	**der** Mann	**ein** Mann
n (neutral)	**das** Kind	**ein** Kind
f (feminin)	**die** Frau	**eine** Frau
Pl. (Plural)	**die** Stühle	– Stühle

Das ist **ein** Stuhl.

Der Stuhl ist klein.

Singular und Plural

	Singular	Plural
-**e**	der Tisch	die Tisch**e**
-**en**	die Zahl	die Zahl**en**
-**n**	die Tasche	die Tasche**n**
-	der Computer	die Computer
-**er**	das Kind	die Kind**er**
-**s**	das Auto	die Auto**s**
-**nen**	die Lehrerin	die Lehrerin**nen**
mit Umlaut + **Endung**	der Stuhl das Haus	die St**ü**hl**e** die H**ä**us**er**

Verben im Präsens

	kommen	arbeiten	sein
ich	komm**e**	arbeit**e**	bin
du	komm**st**	arbeit**est**	bist
er/sie	komm**t**	arbeit**et**	ist
wir	komm**en**	arbeit**en**	sind
ihr	komm**t**	arbeit**et**	seid
sie/Sie	komm**en**	arbeit**en**	sind

W-Fragen und Antworten

Wie	heißen	Sie?
Ich	heiße	Christine Schmidt.
Wo	wohnen	Sie?
Ich	wohne	in München.
Was	sind	Sie von Beruf?
Ich	bin	Lehrerin.

Sie lernen:
- Häuser und Wohnungen beschreiben
- Wohnungsanzeigen verstehen
- Akkusativ
- Negation mit „kein“ · Ja/Nein-Fragen

3

Meine Wohnung

1a Möbel. Welche Wörter kennen Sie? Ordnen Sie zu.

___ die Spüle	___ der Schrank	___ das Bild	___ das Regal
___ das Bett	___ die Kommode	___ der Kühlschrank	___ der Herd
___ der Fernseher	___ das Sofa	___ der Sessel	___ der Teppich

1b Welche Wörter kennen Sie nicht? Suchen Sie im Wörterbuch.

1c Ergänzen Sie die Tabelle. Welche Möbel sind in den Zimmern?

Ü1

die Küche	das Wohnzimmer	das Schlafzimmer
	das Sofa	

2 Sprechen Sie über die Wohnung. Wie sind die Möbel?

Ü2+3

alt · modern · groß · neu · schön · hässlich · klein

Da ist ein Bett. Es ist schön.

Da ist ein Schrank. Er ist groß.

Da ist eine Kommode. Sie ist klein.

Da sind Lampen. Sie sind modern.

!
der → er · das → es · die → sie · die (Pl.) → sie

A Das ist kein Sofa

1a Eine neue Wohnung. Was fehlt hier? Ergänzen Sie die Sätze.

Ü4+5

Im Wohnzimmer ist kein Sofa und keine ______. In der Küche ist ein Tisch, aber da sind keine Stühle. Da ist kein ______.

!		
ein Herd	→	kein Herd
ein Sofa	→	kein Sofa
eine Kommode	→	keine Kommode
– Stühle	→	keine Stühle

1b Was fehlt noch? Sammeln Sie weitere Gegenstände.

Da sind keine Blumen.

Da ist …

2a Ist das eine Lampe? Hören Sie und lesen Sie dann laut. 26

Ü6

!

Ja/Nein-Fragen

	Ist	das eine Lampe?
Ja, das	ist	eine Lampe.
Nein, das	ist	keine Lampe.

2b Was ist das? Ergänzen Sie die Sätze.

Ü7

1 

2 

3 

4 

1. Ist das ein Sofa? – *Nein, das ist kein Sofa. Das ist ein Bett.*
2. Ist das ein Tisch? – *Nein, das*
3. Ist das ein Waschbecken? – *Ja, das*
4. Sind das Bilder? – ______

B Was brauchen wir?

1a Kreuzen Sie an: Was hören Sie? 27

- O die Stühle
- O der Tisch
- O das Regal
- O die Spülmaschine
- O der Teppich

1b Hören Sie das Gespräch noch einmal. Kreuzen Sie an: richtig oder falsch? 27

Ü8+9

		R	F
1.	Familie Usta hat kein Regal.	☒	O
2.	Familie Usta braucht einen Teppich.	O	O
3.	Familie Usta braucht eine Spülmaschine.	O	O
4.	Familie Usta braucht Stühle.	O	O

!

Nominativ	Akkusativ
ein/kein Teppich	**einen/keinen** Teppich
ein/kein Regal	ein/kein Regal
eine/keine Spülmaschine	eine/keine Spülmaschine
- /keine Stühle	- /keine Stühle

2 Schreiben Sie Sätze. Es gibt mehrere Möglichkeiten.

Ü10-13

ich		einen	Fernseher
du		keinen	Schreibtisch
er	haben	eine	Waschmaschine
sie	brauchen	keine	Mikrowelle
wir	kaufen	–	Handy
ihr		kein	Stühle
sie		ein	
Sie			

!

haben

ich habe	wir haben
du hast	ihr habt
er/es/sie hat	sie/Sie haben

Ich kaufe einen Fernseher.
Du hast keinen Schreibtisch.
Wir haben ...
Sie brauchen ...

3 Ihre Wohnung. Fragen und antworten Sie.

Ü14

Hast du einen Fernseher?

Nein, ich habe keinen Fernseher.

Ja, ich habe einen Fernseher.

C Farben und Adjektive

1 Ü15

Beschreiben Sie das Zimmer.

2

Was ist Ihre Lieblingsfarbe?

Meine Lieblingsfarbe ist ...

blau	*rosa*	*schwarz*	*gelb*	*rot*
grün	*weiß*	*lila*	*braun*	*grau*

3 Ü16-20

Wie finden Sie das Zimmer? Fragen und antworten Sie.

Wie findest du den Schrank?

Ich finde den Schrank hässlich.

Aber die Lampe ist schön.

☺ sehr schön – toll – schön – super – gemütlich

😐 ganz schön – nicht schlecht – okay

☹ langweilig – nicht schön – hässlich – furchtbar

!

Nominativ	Akkusativ
der Schrank	**den** Schrank
die Lampe	die Lampe
das Regal	das Regal
die Stühle	die Stühle

D Hier wohnt ...

1 Ü21

Lesen Sie den Text und ergänzen Sie die Sätze.

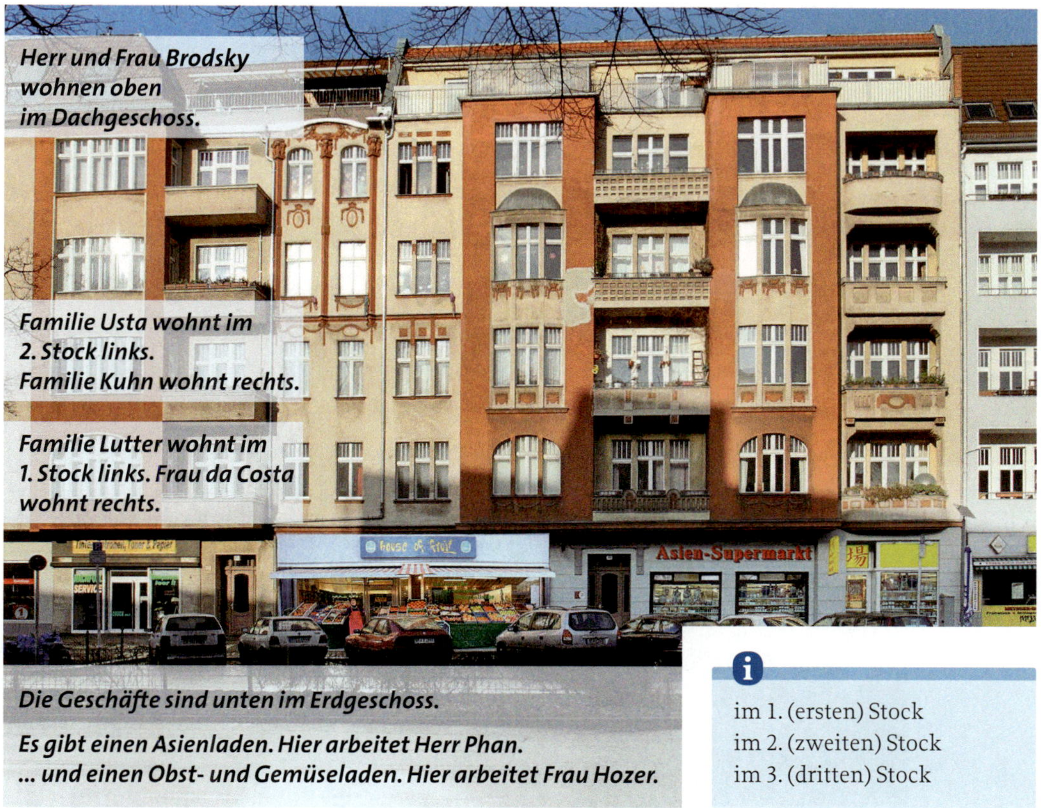

Herr und Frau Brodsky wohnen oben im Dachgeschoss.

Familie Usta wohnt im 2. Stock links. Familie Kuhn wohnt rechts.

Familie Lutter wohnt im 1. Stock links. Frau da Costa wohnt rechts.

Die Geschäfte sind unten im Erdgeschoss.

Es gibt einen Asienladen. Hier arbeitet Herr Phan.
... und einen Obst- und Gemüseladen. Hier arbeitet Frau Hozer.

> **i**
> im 1. (ersten) Stock
> im 2. (zweiten) Stock
> im 3. (dritten) Stock

Herr und Frau Brodsky wohnen __________.

Familie Usta wohnt __________.

Familie Kuhn wohnt __________.

Die Geschäfte sind __________.

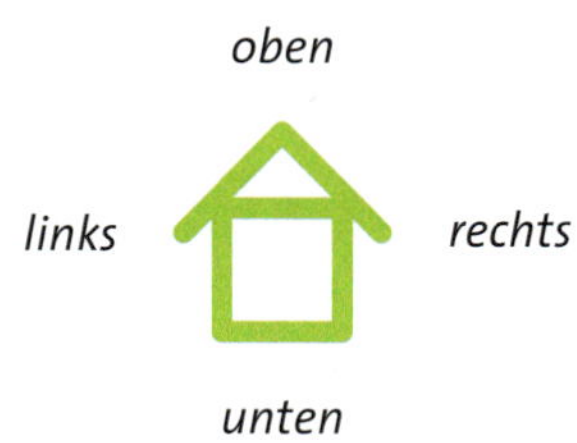

2 Ü22

Wer arbeitet wo? Fragen und antworten Sie im Kurs.

Wer wohnt im Dachgeschoss?

Herr und Frau Brodsky wohnen im Dachgeschoss.

Wo ist ein Obst- und Gemüseladen?

Wer arbeitet im Asienladen?

3

Wo wohnen Sie? Fragen und antworten Sie im Kurs.

Wo wohnen Sie?

Ich wohne im ...

Und Sie?

E So wohnen wir

1a Hören und lesen Sie die Texte. 28

Ü23

1

Familie Kramer, 3 Kinder
Wir haben eine 4-Zimmerwohnung in einem Hochhaus in Köln im dritten Stock. Die Wohnung ist 100 qm groß und hat einen Balkon. Wir bezahlen 800 Euro Warmmiete. Jetzt suchen wir ein Haus mit Garten. Wir haben drei Kinder und sie brauchen Platz.

2

Herr und Frau Sundell
Wir haben ein Reihenhaus in Wunstorf, das ist in der Nähe von Hannover. Wir haben viel Platz: Das Haus hat zwei Stockwerke, es ist 120 qm groß und hat fünf Zimmer. Wir haben zwei Kinder. Sie wohnen jetzt in Mannheim und in Kassel. Wir suchen eine Wohnung in Hannover. Drei Zimmer sind genug.

3

Familie Fahl
Wir wohnen in Steinbach in der Nähe von Wien und sind neu hier. Das Haus ist 225 qm groß und hat acht Zimmer. Der Garten und die Terrasse sind sehr groß und schön, die Straße ist sehr ruhig. Wir haben vier Kinder und sie finden hier viele Freunde. Wir bleiben jetzt immer hier.

1b Ergänzen Sie die Tabelle.

Ü24

	Familie Kramer	Herr und Frau Sundell	Familie Fahl
Wohnort	*Köln*		
Kinder			
Zimmer			
qm			

2 Familie Kramer und Familie Sundell suchen eine Wohnung. Welche Anzeige passt zu den Familien? Schreiben Sie.

A
3 Zi, Hannover-Südstadt,
NB, 88 qm, EG, Kü, Bad, viel Sonne,
600 Euro + 110 Euro NK

B
EFH in Köln-Hoven
mit Garten, 158 qm, ruhig,
Miete 930 Euro + 100 Euro NK

3 Ordnen Sie die Abkürzungen zu.

Ü25+26

die Zentralheizung

die Einbauküche

1. OG	1	A	Erdgeschoss
EFH	2	B	Küche
2 Zi.	3	C	Nebenkosten
EG	4	D	1. Obergeschoss
Kü.	5	E	Einfamilienhaus
NK	6	F	zwei Zimmer
DG	7	G	Zentralheizung
BLK	8	H	Einbauküche
ZH	9	I	Dachgeschoss
EBK	10	J	Balkon
Whg.	11	K	Quadratmeter
qm	12	L	Wohnung

Nebenkosten

4a Wie ist die Wohnung? Ordnen Sie die Gegenteile zu.

klein – ruhig – warm – hell

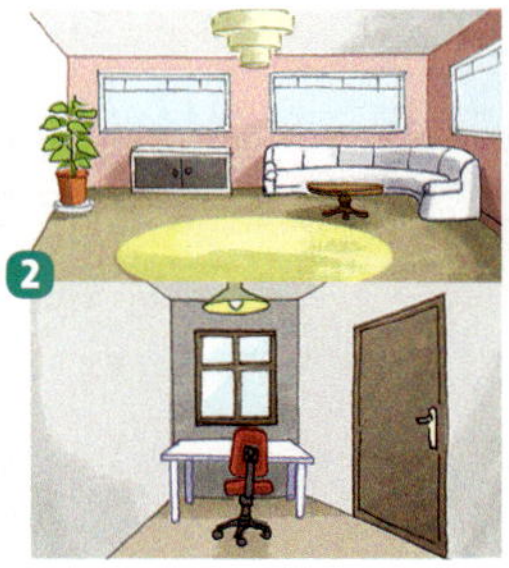

kalt – ______ groß – ______ dunkel – ______ laut – ______

4b Meine Wohnung. Ergänzen Sie die Lücken.

groß – billig – 3. Stock – Zimmer – hell

Meine Wohnung ist ______, sie kostet 300 Euro Miete. Sie ist 50 qm ______ und sehr ______. Sie hat zwei ______: ein Wohnzimmer, ein Schlafzimmer, eine Küche und ein Bad. Ich wohne im ______.

4c Wie ist Ihre Wohnung? Berichten Sie.

Meine Wohnung ist ruhig.

Das Schlafzimmer ist klein.

3 Alles klar!

Kommunikation

1 Wie finden Sie die Möbel? Fragen und antworten Sie im Kurs.

2 Schreiben Sie Texte.

Wohnung 1: 2 Zimmer, 50 qm, DG, ruhig, Miete: 600 €

Die Wohnung hat zwei Zimmer. Sie ist 50 Quadratmeter groß und ______

______

Wohnung 2: 4 Zimmer, EG, 108 qm, hell, Miete: 950 €

______

______

Meine Wohnung:

______

______

Wortschatz

3 Welche Farbe hat ... ? Schreiben Sie.

1  2  3  4 

1. Das Buch ist gelb.
2. ______
3. ______
4. ______

4 Wie heißt das Gegenteil? Ergänzen Sie.

1. groß – klein
2. schön – ______
3. alt – ______
4. kalt – ______
5. laut – ______
6. hell – ______

Grammatik

5 Ergänzen Sie: *er – sie – es – sie.*

1. Das ist eine Kommode. ______ kommt aus Italien.
2. Wie findest du die Blumen? ______ sind sehr schön.
3. Das ist mein Sessel. ______ ist sehr modern.
4. Das ist ein Regal. ______ kostet 30 €.

6 Schreiben Sie Sätze mit *haben* und *brauchen.*

1  2  3  4 

1. Martin hat keine Mikrowelle, aber er braucht eine Mikrowelle.
2. Tamara hat ______.
3. Ich ______.
4. Wir ______.

7 Schreiben Sie Fragen und Antworten wie im Beispiel.

1. du – einen Schrank – hast? | Ja, – ich – einen Schrank – habe.
   Hast du einen Schrank? | Ja, ich habe einen Schrank.
2. die Kommode – ist – groß? | Nein, – nicht groß – sie – ist.
   ______ | ______
3. modern – ist – das Sofa? | Ja, – sehr modern – ist – es.
   ______ | ______
4. die Wohnung – 300 € – kostet? | Nein, – sie – 400 € – kostet.
   ______ | ______

Flüssig sprechen

8 Hören Sie zu und sprechen Sie nach. 29

3 Gewusst wie

Kommunikation

Sagen, wie etwas ist oder wie man etwas findet

Das Zimmer ist hell.
Der Stuhl ist schön.

- Wie findest du die Lampe?
- Ich finde die Lampe hässlich.

Sagen, was man hat oder nicht hat, was man braucht oder nicht braucht

Ich habe keinen Computer.
Ich brauche ein Fahrrad.

Häuser und Wohnungen beschreiben

Das Haus ist 125 Quadratmeter groß. Im Erdgeschoss sind die Küche und das Wohnzimmer, im 1. Stock sind das Bad, zwei Kinderzimmer und das Schlafzimmer. Wir haben einen Garten und eine Terrasse.

Ich habe eine 1-Zimmerwohnung. Sie ist 35 Quadratmeter groß und kostet 300 Euro Warmmiete. Die Wohnung ist klein, aber sie ist hell und schön und hat einen Balkon.

Grammatik

Akkusativ

	Nominativ	Akkusativ
m	ein Schrank	**einen** Schrank
f	ein Regal	ein Regal
n	eine Lampe	eine Lampe
Pl.	- Möbel	- Möbel

Das ist ein Schrank.
Ich habe einen Schrank.

Nominativ	Akkusativ
der Schrank	**den** Schrank
das Regal	das Regal
die Lampe	die Lampe
die Möbel	die Möbel

Der Schrank ist groß.
Ich finde den Schrank schön.

Negation mit *kein*

- Ist das **ein** Bett? – Nein, das ist **kein** Bett.
- Ist das **eine** Lampe? – Nein, das ist **keine** Lampe.
- Ich brauche **einen** Fernseher. – Nein, du brauchst **keinen** Fernseher.
- Brauchst du Stühle? – Nein, ich brauche **keine** Stühle.

Ja/Nein-Fragen

	Ist	der Sessel bequem?
Ja, er	ist	bequem.
	Brauchen	Sie eine Lampe?
Nein, ich	brauche	keine Lampe.

Artikel und Pronomen

Der Herd ist neu. **Er** ist modern.
Die Küche ist alt. **Sie** ist gemütlich.
Das Bild ist neu. **Es** ist hässlich.
Die Blumen sind rosa. **Sie** sind schön.

Sie lernen:
- über die Familie sprechen
- über Freizeit- und Besuchsprogramme sprechen
- Possessivartikel im Singular
- Verben mit Vokalwechsel
- „haben“ und „sein“ im Präteritum

4

Meine Familie

1 Ü1

Ordnen Sie zu.

Meine Großeltern: ______ , ______

Meine Eltern: *mein Vater* , ______

Meine Geschwister: *mein Bruder* , ______

2 Ü2

Nina erzählt. Hören Sie und ergänzen Sie die Namen. 30

Markus – Hilde – Rolf – Tanja – Heike

Heinz Großvater ⚭ ______ Großmutter

______ Vater ⚭ ______ Mutter

Bernd Onkel ⚭ *Sandra* Tante

______ Bruder

______ Schwester

Nina

Kevin Cousin

Melanie Cousine

3 Ü3

Wie groß ist Ihre Familie? Berichten Sie im Kurs.

Meine Familie ist klein. Ich habe …

Ich habe viele Verwandte.

A Familie Hoffmann

1a Lesen und hören Sie die Texte. Wer sagt was? Ordnen Sie zu. 31

Ü4

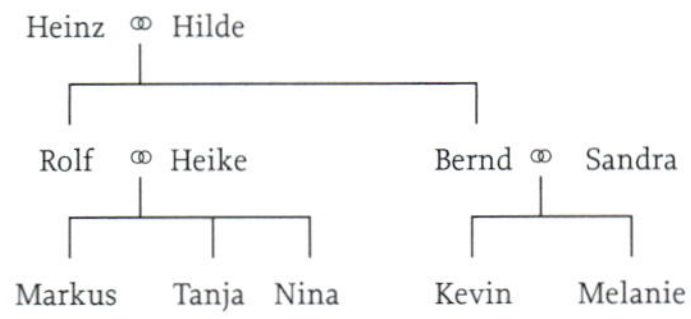

der Sohn, ¨-e	die Tochter, ¨-
der Neffe, -n	die Nichte, -n
der Enkel, -	die Enkelin, -nen

Rolf Hoffmann – Hilde Hoffmann – Bernd Hoffmann – Heike Hoffmann

1. ________: Auf dem Foto sind mein Sohn Rolf und meine Enkel Markus, Tanja und Nina.
2. ________: Auf dem Foto sind mein Mann Rolf und meine Töchter Tanja und Nina und mein Sohn Markus.
3. ________: Auf dem Foto sind mein Bruder Rolf, meine Nichten Tanja und Nina und mein Neffe Markus.
4. ________: Ja, das bin ich und das sind meine Kinder: Markus, Tanja und Nina.

1b Ergänzen Sie wie im Beispiel.

Heike Hoffmann:

Rolf ist ihr *Mann*.

Markus ist ihr *Sohn*.

Nina und Tanja sind ihre *Töchter*.

Bernd Hoffmann:

Rolf ist sein ________.

Tanja ist seine ________.

Heinz und Hilde sind seine ________.

Hilde Hoffmann:

Rolf ist ihr *Sohn*.

Markus ist ihr ________.

Nina und Tanja sind ihre ________.

Rolf Hoffmann

Nina, Tanja und Markus sind seine ________.

Heike ist seine ________.

2 Die Possessivartikel. Lesen Sie die Sätze in 1b und ergänzen Sie die Tabelle.

Ü5–7

	der Bruder	das Kind	die Schwester	die Eltern
ich	mein	mein	meine	
du	dein	dein	deine	deine
er/es		sein		
sie		ihr	ihre	
Sie	Ihr	Ihr	Ihre	Ihre

3 Fragen und antworten Sie.

Wo wohnen deine Eltern?

Meine Eltern wohnen in …

Haben Sie Kinder?
Wie heißen Ihre Kinder?

4 Ergänzen Sie.

Ü8–10

1. Ich heiße Anita. ______ Bruder heißt Stefan und ______ Frau heißt Beate.
2. Frau Sander hat zwei Kinder. ______ Tochter ist 13 und ______ Sohn ist 15 Jahre alt.
3. ◖ Yussuf, lebt ______ Frau auch in Deutschland? ◖ Nein, ______ Frau lebt noch in der Türkei.
4. ◖ Was ist ______ Mann von Beruf, Frau Bohn? ◖ ______ Mann ist Tischler.
5. ◖ Harife, was ist ______ Mann von Beruf? ◖ ______ Mann ist Musiker.

5 Das Mein-dein-Spiel. Spielen Sie im Kurs.

B Ein Freizeitprogramm

1 Hören Sie und ordnen Sie den Dialog. 32

- ◯ Ja, ich habe jetzt Zeit und komme gern nach Berlin.
- ◯ Oh, da habe ich viele Ideen. In Berlin gibt es viele Sehenswürdigkeiten.
- ◯ Ich komme am Wochenende und bleibe zwei Tage. Was machen wir?
- (1) Hallo, Roberto, kommst du bald nach Berlin?
- ◯ Das ist schön. Wann kommst du?

!

Wo?	→	**in** Berlin
Wohin?	→	**nach** Berlin

2a Was machen Marines da Costa und ihr Bruder? Ordnen Sie zu.

Ü11+12

- ◯ eine Radtour machen
- ◯ Lebensmittel im Supermarkt kaufen
- ◯ Sehenswürdigkeiten besichtigen
- ◯ ein Straßenfest besuchen
- ◯ Mittagessen kochen

A 

B 

C 

D 

E 

2b Hören Sie und bringen Sie die Fotos in die richtige Reihenfolge. 33

2c Was machen Marines und ihr Bruder? Schreiben Sie.

Ü13–15

zuerst → dann, danach

!

Sie	kaufen	zuerst	Lebensmittel im Supermarkt.
Zuerst	kaufen	sie	Lebensmittel im Supermarkt.

Zuerst kaufen sie Lebensmittel im Supermarkt. Dann

3a Ü16

Welche Sehenswürdigkeiten gibt es in Berlin, Hamburg und München? Was kennen Sie schon? Sprechen Sie im Kurs.

In Berlin gibt es den Reichstag.

3b

Hören Sie den Dialog. Wo wohnt Firas? 34

3c Ü17

Hören Sie noch einmal: Was machen Marek und Firas? 34

1. *Zuerst machen Sie einen Stadtbummel.*
2. *Dann machen*
3. *Danach*

4 Ü18

Projekt: Welche Sehenswürdigkeiten gibt es in Ihrer Stadt? Sammeln Sie.

i

www.meinestadt.de ist eine Internetseite für viele Städte in Deutschland. Hier finden Sie Informationen zu Ihrer Stadt.

C Der Sonntag bei Familie Kuhn

1a Ü19

Was ist falsch? Korrigieren Sie den Text.

Der Sonntag ist bei Familie Kuhn oft sehr ruhig. Alle faulenzen, niemand spricht. Tobias Kuhn schläft. Laura liest ein Buch. Herr Kuhn isst Schokolade und sieht einen Film. Frau Kuhn fährt nach Potsdam. Dort trifft sie eine Freundin.

1. Herr Kuhn *schläft.*
2. Frau Kuhn *isst* ______
3. Tobias ______
4. Laura ______

1b Ü20–22

Suchen Sie in 1a die folgenden Verben und ordnen Sie sie zu.

essen – treffen – sehen – fahren – lesen – schlafen – sprechen

sprechen – spricht
schlafen –

!

	e → i	e → ie	a → ä
	sprechen	**lesen**	**schlafen**
ich	spreche	lese	schlafe
du	spr**i**chst	l**ie**st	schl**ä**fst
er/es/sie	spr**i**cht	l**ie**st	schl**ä**ft

2 Ü23

Was macht Laura? Schreiben Sie Sätze.

Schlüssel nehmen – Anna treffen – Pizza essen – einen Film sehen – nach Hause fahren

Laura nimmt den Schlüssel. Sie

!

nehmen – er/es/sie n**imm**t

3

Fragen und antworten Sie.

Sprichst du Türkisch? – Arabisch? – Russisch?
Isst du gern Schokolade? – Pizza? – Eis?
Liest du gern ...?

Sprichst du Türkisch?

Nein, ich spreche Russisch, aber Fatima spricht Türkisch.

D Familien früher

1a Die Kindheit von Hermine Müller. Hören Sie den Text und kreuzen Sie an: richtig oder falsch? 35

	R	F
1. Frau Müller hatte neun Geschwister.	O	O
2. Ihr Vater hatte eine Arztpraxis.	O	O
3. Die Arztpraxis war im Elternhaus von Frau Müller.	O	O
4. Die Kindheit von Frau Müller war langweilig.	O	O

1b Hermines Familie früher. Ergänzen Sie den Text und kontrollieren Sie dann mit der CD. 35

Ü24–27

~~war~~ – war – war – waren – waren – hatte – hatte – hatte – hatte – hatten

Früher *war* alles anders. Die Familien in Deutschland ______ groß, eine Familie ______ oft acht oder zehn Kinder. Wir ______ neun Kinder. Ich ______ drei Schwestern und fünf Brüder. Mein Vater ______ Arzt von Beruf. Mein Elternhaus ______ sehr groß und mein Vater ______ auch seine Praxis im Haus. Meine Eltern ______ viel Zeit für uns Kinder. Ich ______ keine langweilige Kindheit.

!

	haben	sein
ich	hatte	war
du	hattest	warst
er/es/sie	hatte	war
wir	hatten	waren
ihr	hattet	wart
sie/Sie	hatten	waren

1c Fragen zum Text. Ordnen Sie zu und antworten Sie.

Wie viele Geschwister **1** o — o **A** von Beruf?
Was war ihr Vater **2** o — o **B** viel Zeit?
War ihre Familie **3** o — o **C** hatte Hermine?
Hatten ihre Eltern **4** o — o **D** groß?

Hermine hatte ...

2 Ihre Großeltern. Fragen und antworten Sie.

Wie viele Geschwister hatte deine Großmutter?

War die Familie groß?

4 Alles klar!

Wortschatz

1 Welche Wörter passen?

der Großvater – die Großmutter

die Mutter – ______ die Schwester – ______ die Nichte – ______

der Sohn – ______ der Onkel – ______ der Cousin – ______

2 Ergänzen Sie die Sätze.

besichtigt – Liest – eine Freundin – machen – kauft – Mittagessen

1. Wir kochen ______.
2. Ich besuche ______.
3. ______ du gern Bücher?
4. Herr und Frau Hoffmann ______ eine Radtour.
5. Roberto ______ Lebensmittel.
6. Er ______ den Hafen.

Kommunikation

3a Christine zeigt ihre Familienfotos. Hören Sie und ordnen Sie die Fotos. 36

☐ ☐ 2 1 ☐ ☐ ☐ ☐

3b Hören Sie den Text noch einmal und ergänzen Sie. 36

1. Maria ist die ______ von Christine.
2. Sascha und Lukas sind ihre ______.
3. Stefan ist ihr ______ und Andrea ist ihre ______.
4. Ihr ______ heißt Klaus und ihre ______ heißt Judith.
5. Klaus ist der ______ von Stefan.
6. Judith ist die ______ von Klaus.

4 *Zuerst, dann, danach.* **Schreiben Sie Sätze.**

Katja lernt Deutsch. Sie macht Hausaufgaben. Sie arbeitet.
Sie macht einen Stadtbummel. Sie fährt nach Hause.

Zuerst lernt

5 **Fragen und antworten Sie im Kurs.**

- Ich war in Hamburg. Wo warst du?
- Ich war in ...
- Wir waren in ... Wo wart ihr?
- Er war in ... Wo ...?

Grammatik

6 **Ergänzen Sie die Possessivartikel.**

1. Ich habe eine Schwester. Meine Schwester heißt Maria.
2. Paul hat einen Bruder. ______ Bruder ist Friseur.
3. Tina hat noch zwei Geschwister. ______ Geschwister sind 15 und 18 Jahre alt.
4. Herr Lindemann, leben ______ Eltern in Deutschland?

7 **Ergänzen Sie die Verben.**

1. Lin spricht gut Deutsch. (sprechen)
2. ______ du? (schlafen)
3. Er ______ eine Pizza. (essen)
4. Wir ______ nach Kiel. (fahren)
5. Susanne ______ einen Film. (sehen)
6. Er ______ eine Freundin. (treffen)

8 **Ergänzen Sie** ***haben*** **oder** ***sein*** **im Präteritum.**

1. Wo warst du?
   Ich ______ in Frankreich.
2. Meine Eltern ______ früher ein Haus.
3. ______ du früher ein Auto?
4. ______ der Film gestern gut?
   Nein, er ______ langweilig.

Flüssig sprechen

9 **Hören Sie zu und sprechen Sie nach.** 37

4 Gewusst wie

Kommunikation

Über die Familie sprechen

Meine Familie ist groß. Ich habe sieben Geschwister: drei Schwestern und vier Brüder. Und ich habe vier Tanten und fünf Onkel.

Über Vergangenes sprechen

Früher waren die Familien groß. Meine Großeltern hatten viele Kinder.

Über Freizeitaktivitäten sprechen

Zuerst kaufe ich Lebensmittel und dann koche ich Mittagessen. Danach mache ich eine Radtour. Dann mache ich einen Stadtbummel und danach besuche ich ein Straßenfest.

Grammatik

Possessivartikel

	m		n		f		Pl.	
ich	mein	Bruder	mein	Kind	mein**e**	Schwester	mein**e**	Eltern
du	dein	Bruder	dein	Kind	dein**e**	Schwester	dein**e**	Eltern
er/es	sein	Bruder	sein	Kind	sein**e**	Schwester	sein**e**	Eltern
sie	ihr	Bruder	ihr	Kind	ihr**e**	Schwester	ihr**e**	Eltern
Sie	Ihr	Bruder	Ihr	Kind	Ihr**e**	Schwester	Ihr**e**	Eltern

Verben mit Vokalwechsel

	e → i sprechen	e → ie lesen	a → ä schlafen
ich	spreche	lesen	schlafe
du	spr**i**chst	l**ie**st	schl**ä**fst
er/es/sie	spr**i**cht	l**ie**st	schl**ä**ft
wir	sprechen	lesen	schlafen
ihr	sprecht	lest	schlaft
sie/Sie	sprechen	lesen	schlafen

Genauso: fahren, treffen, sehen, essen, nehmen

Die Verben *sein* und *haben* im Präteritum

	sein	haben
ich	war	hatte
du	warst	hattest
er/es/sie	war	hatte
wir	waren	hatten
ihr	wart	hattet
sie/Sie	waren	hatten

Wörter im Satz

Sie	kaufen	zuerst	Lebensmittel.
Zuerst	kaufen	sie	Lebensmittel.

Station 1

Sprache im Kurs

1 Was passt? Ordnen Sie zu.

1. Ergänzen Sie.
2. Hören Sie.
3. Schreiben Sie.
4. Kreuzen Sie an.
5. Lesen Sie.
6. Spielen Sie Dialoge.

2a Wer sagt was? Was sagen beide? Kreuzen Sie an.

	Kursteilnehmer/in	Kursleiter/in
1. Wie heißt das auf Deutsch?	☐	☐
2. Sprechen Sie bitte nicht so schnell!	☐	☐
3. Ich habe eine Frage.	☐	☐
4. Können Sie das bitte wiederholen?	☐	☐
5. Hausaufgabe ist die Nummer vier im Arbeitsbuch.	☐	☐
6. Können Sie das bitte erklären?	☐	☐

2b Lesen Sie die Sätze laut.

3a Ordnen Sie den Dialog und kontrollieren Sie mit der CD. 38

☐ Ich bin krank. Haben wir Hausaufgaben?

1 Hallo Samuel, hier ist Igor.

☐ Vielen Dank. Morgen komme ich wieder.

☐ Dann bis morgen.

☐ Hallo Igor, wo warst du heute?

☐ Ja, im Arbeitsbuch die Übungen eins und zwei auf Seite 25.

3b Variieren Sie den Dialog.

- Hausaufgabe: Arbeitsbuch S. 17, Übung 4 und 6.
- Sie haben keine Hausaufgaben.
- Sie hatten einen Termin. Hausaufgabe: Kursbuch S. 22, Übung 4.

Drei in einer Reihe

Spielregeln

1. Zwei oder vier Personen spielen zusammen.
2. Sie brauchen neun Spielsteine, z. B. Münzen.
3. Sie lösen eine Aufgabe richtig. Dann legen Sie eine Münze auf das Feld.
4. Haben Sie drei Felder in einer Reihe? Dann haben Sie gewonnen.

Wie ist Ihre Telefon-nummer? ...	**Woher kommen Sie?**	**Wie heißen die Farben?** 	**Was passt nicht?** der Bleistift das Haus das Heft der Radiergummi
Wie ist Ihre Adresse?	**Ist das ein Stuhl?** 	**Wie heißt das Gegenteil?** groß ≠ ... kalt ≠ ... hell ≠ ...	**Welche Sprachen sprechen Sie?**
Buchstabieren Sie Ihren Namen.	**Was sind Sie von Beruf?**	**Wie heißt der Plural?** das Buch das Foto der Lehrer der Tisch	**Haben Sie Kinder?**
Wie waren Familien früher? Wie sind Familien heute?	**Brauchen Sie einen Fernseher?**	**Was machen Sie am Wochen-ende?**	**Haben Sie Geschwister? Wie viele? Wie groß ist Ihre Familie?**

Sie lernen:
- über die Freizeit sprechen
- die Uhrzeit
- einen Tagesablauf/Wochenplan beschreiben
- sich verabreden
- trennbare Verben

5 Mein Tag, meine Woche

1a Ü1 **Freizeit. Ordnen Sie die Hobbys und Aktivitäten den Bildern zu.**

◯ Fußball spielen	◯ schwimmen gehen	◯ im Internet surfen
◯ wandern	(2) Hausaufgaben machen	◯ joggen
◯ kochen	◯ tanzen	◯ Musik hören

1b **Was hören Sie? Raten Sie.** 39

1c **Was machen die Personen auf den Fotos? Sprechen Sie im Kurs.**

Der Junge spielt Fußball.

Das Mädchen macht Hausaufgaben.

> **!**
> schwimmen gehen
> Die Kinder gehen gern schwimmen.

2 Ü2+3 **Was machen Sie gern? Was machen Sie nicht gern? Fragen und antworten Sie.**

Was machen Sie gern?

Ich gehe gern schwimmen.

Ich tanze nicht gern.

Mein Hobby ist Tanzen.

A Wie spät ist es?

1 Uhrzeiten. Fragen und antworten Sie.

Ü4+5

sechs Uhr	halb sieben	Viertel vor sieben	Viertel nach sieben

zwanzig nach sieben	fünf vor halb acht	fünf nach halb acht	zwanzig vor acht

Entschuldigen Sie, wie spät ist es?

Es ist Viertel nach sieben.

2 Wie spät ist es? Ergänzen Sie die Reihen.

1. Es ist zehn Uhr. Es ist fünf nach zehn. Es ist zehn nach zehn. Es ist ...
2. Es ist zwölf Uhr. Es ist Viertel nach zwölf. Es ist halb eins. Es ist ...
3. Es ist ein Uhr. Es ist halb zwei. Es ist ...

3 Wann kommst du? Fragen und antworten Sie.

Wann kommst du?

Ich komme um acht.

!

Wann? **Um** acht Uhr.

4 Ihr Deutschkurs. Fragen und antworten Sie.

Wann beginnt der Kurs?
Wann kommt die Kursleiterin?
Wann kommen Sie?
Wann beginnt die Pause?
Wann endet der Kurs?

Der Kurs beginnt um ...

5a Uhrzeiten offiziell. Hören Sie und ordnen Sie die Fotos zu. 40

Ü6+7

5b Ordnen Sie die Fotos den Uhrzeiten zu.

1. ◯ zwanzig Uhr
2. ◯ dreizehn Uhr vierundvierzig
3. ◯ zehn Uhr achtundfünfzig
4. ◯ zwanzig Uhr fünfzehn
5. ◯ achtzehn Uhr zweiunddreißig

6 Schreiben Sie die Sätze wie im Beispiel.

Ü8

Der Film **beginnt** um 20.15 Uhr.
Um 20.15 Uhr **beginnt** der Film.

1. fahren – der Zug – 13.47 Uhr
2. hören – ich – die Nachricht – 18.32 Uhr
3. klingeln – der Radiowecker – 10.58 Uhr
4. beginnen – die Nachrichten – 20.00 Uhr

Der Zug fährt um 13.47 Uhr. / ...

7 Lesen und variieren Sie den Dialog.

Ü9–11

- Wann beginnt der Englischkurs?
- Um 18 Uhr.
- Um 18 Uhr? Also, um sechs?
  Und bis wann geht der Kurs?
- Bis 20 Uhr.
- Der Kurs geht also von sechs bis acht?

(der)	**Englischkurs**	18.00–20.00 Uhr
(das)	**Fußballspiel**	15.30–17.15 Uhr
(der)	**Kochkurs**	19.00–21.00 Uhr
(der)	**Deutschkurs**	19.45–21.15 Uhr
(der)	**Krimi**	21.15–22.00 Uhr
(die)	**Tanzparty**	20.00–23.30 Uhr

i

offiziell	nicht offiziell
sechs Uhr achtzehn Uhr	sechs Uhr
vier Uhr fünfzehn sechzehn Uhr fünfzehn	Viertel nach vier
fünf Uhr dreißig siebzehn Uhr dreißig	halb sechs

!

Wann ... ?

⊙ um → bis ←→ von ... bis

B Was macht Marines am Samstag?

1a Ein ganz normaler Samstag bei Marines. Ordnen Sie die Bilder zu.

- (3) Um halb zwölf <u>holt</u> sie ein Paket <u>ab</u>. — *abholen*
- ( ) Der Film im Kino fängt um 21 Uhr an. — ______
- ( ) Um halb sieben sieht sie fern. — ______
- ( ) Marines steht um neun Uhr auf. — ______
- ( ) Sie räumt ihre Wohnung auf. — ______
- ( ) Sie kauft Lebensmittel ein. — ______
- Sie bringt eine Zeitung mit. — ______
- ( ) Um Viertel nach acht geht Marines aus. — ______
- Zwei Freundinnen kommen mit. — ______
- ( ) Der Film hört spät auf. — ______

1b Unterstreichen Sie die Verben in den Sätzen oben. Ordnen Sie die Infinitive zu.

Ü12

anfangen – aufhören – aufstehen – mitkommen – aufräumen – fernsehen
~~abholen~~ – einkaufen – mitbringen – ausgehen

1c Trennbare Verben. Schreiben Sie Sätze und markieren Sie wie im Beispiel.

Ü13

1.	Marines	steht	um neun Uhr	auf.
2.	Sie	kauft	Lebensmittel	.
3.	Um halb zwölf		sie ein Paket	.
4.	Sie			.
5.				.

1d Wann macht Marines was? Fragen und antworten Sie.

Wann steht Marines auf?

Sie steht um neun Uhr auf.

2 Der Deutschkurs. Schreiben Sie Sätze.

1. ausfallen – der Kurs – heute *Der Kurs fällt heute aus.*
2. morgen – stattfinden – er *morgen*
3. anfangen – um neun Uhr – wir *um neun Uhr*
4. aufhören – wir – um zwölf Uhr *Um zwölf Uhr*

3a Was machen Sie am Wochenende? Erzählen Sie.

Ü14+15

Wohnung aufräumen

wegfahren

joggen

Eltern anrufen

Freunde treffen

Ich treffe Freunde.

Interessant!

Schön!

Langweilig!

3b Was machen Sie jeden Tag? Schreiben Sie einen Text.

Ich stehe um sieben Uhr auf. ...

C Meine Woche

1a Der Wochenplan von Frau Schmidt. Fragen und antworten Sie.

Ü16–18

Was macht Frau Schmidt am Montag?

Montag	Dienstag	Mittwoch	Donnerstag	Freitag	Samstag/ Sonntag
9–11 Uhr: Deutschkurs	10.30 Uhr: Arzt	9–11: Deutschkurs	10.00 Uhr: Fahrrad kaufen	13.00 Uhr: essen gehen	
16 Uhr: Hausaufgaben	ab 18.00 Uhr arbeiten	16 Uhr: Hausaufgaben mit Marwa	19.00 bis 24.00 Uhr: arbeiten	16.00: Fußball	Hamburg
				20.00: Rolf besuchen	

Von neun bis elf Uhr hat sie einen Deutschkurs.

Um 16 Uhr macht sie Hausaufgaben.

1b Erzählen Sie.

Ü19

am Morgen *am Vormittag* *am Mittag* *am Nachmittag* *am Abend* *in der Nacht*

Montag: Am Vormittag hat Frau Schmidt einen Deutschkurs. Am Nachmittag ...
Dienstag: ...

2 Hören Sie den Text und kreuzen Sie an: richtig oder falsch? 41

Ü20

	R	F
1. Am Montagvormittag hat Michael einen Arzttermin.	☒	○
2. Am Dienstag besucht er Freunde in Frankfurt.	○	○
3. Michael arbeitet jeden Tag.	○	○
4. Am Freitagabend packt er den Koffer.	○	○

> **i**
> am Montag + Vormittag
> = am Montagvormittag

3 Und Ihr Wochenplan? Fragen und antworten Sie.

Ü21

Was machst du am Donnerstag?

Am Nachmittag besuche ich einen Freund. Wir spielen zusammen Computerspiele.

Was machst du am Dienstag?

Am Dienstagabend habe ich einen Tanzkurs.

D Hast du morgen Zeit?

1a Hören Sie den Dialog und beantworten Sie die Fragen. 42

1. Was macht Mahmut am Dienstag?
2. Wann spielen Mahmut und Andreas zusammen Fußball?

1b Hören Sie noch einmal und ordnen Sie den Dialog. 42

Ü22

- ◯ Hallo, Mahmut, hier ist Andreas. Spielen wir zusammen Fußball? Vielleicht am Dienstagnachmittag?
- ◯ Gut, dann um fünf. Bringst du einen Ball mit?
- 1 Mahmut Usta, ja bitte?
- ◯ Ja, gern, aber nicht am Dienstag, ich habe am Nachmittag Schule. Hast du am Mittwoch Zeit?
- ◯ Ja, das geht. Um drei Uhr habe ich Zeit.
- ◯ Klar, das mache ich. Dann bis Mittwoch.
- ◯ Geht es auch später? Am Mittwoch habe ich immer viele Hausaufgaben.
- ◯ Bis Mittwoch. Tschüss!

2 Fragen und antworten Sie.

Ü23

Gehen wir am Samstag ins Kino?
Hast du heute Abend Zeit?
Spielen wir zusammen Fußball?
...

🙂	🙂	☹
Ja, ich habe Zeit.	Ja, gern, aber nicht am Samstag.	Nein, leider nicht.
Sehr gern.	Geht es auch später?	Nein, ich habe keine Zeit.
Ja, das geht.		Nein, das geht nicht.
		Nein, ich habe keine Lust.

3 Fragen und antworten Sie.

Ü24–27

- zusammen kochen – Samstag ◖ Wann? – keine Zeit – nach Nürnberg fahren
- Fahrrad fahren – heute Nachmittag ◖ keine Lust
- wandern – Sonntagnachmittag ◖ ...
- ausgehen – Samstagabend ◖ ...
- ins Konzert gehen ◖ ...
- ...

5 Alles klar!

Kommunikation

1 Hören Sie und kreuzen Sie an: Welche Uhrzeit ist richtig? 43

1. A B C
2. A B C
3. A B C
4. A B C

2 Ergänzen Sie.

1. Wann kommst du am Nachmittag? ◖ *Ich komme um halb fünf*.
2. Wann ______ ? ◖ Der Film fängt um ______ an.
3. Wie ______ ? ◖ Es ist jetzt ______.
4. Wann ______ du ______ ? ◖ Ich rufe um ______ an.
5. Wann fährt der Bus? ◖ ______ um ______ oder um ______.

3 Der Samstag von Frau Krause. Schreiben Sie einen Text.

Am Morgen: früh aufstehen, lange frühstücken
Am Vormittag: einkaufen, aufräumen
Am Mittag: kochen und essen, eine Stunde schlafen
Am Nachmittag: ihre Freundin anrufen, ihren Enkel besuchen
Am Abend: fernsehen, früh schlafen gehen

Frau Krause steht früh auf. Sie …
Am Vormittag … Dann …

4a Schreiben Sie Fragen.

1. ausgehen – wir – am Wochenende
2. lernen – Deutsch – zusammen – wir
3. Zeit – ihr – haben – am Freitagabend
4. wir – machen – eine Radtour – morgen
5. zusammen – kochen – wir

1. Gehen wir am Wochenende aus?

4b Machen Sie mit den Fragen aus 4a Dialoge.

Lernen wir zusammen Deutsch?

Ja, gern. Wann?

Nein, ich ...

Wortschatz

5 Was passt zusammen? Ordnen Sie zu.

Freunde	1		A	aufräumen
Fußball	2		B	machen
Hausaufgaben	3		C	gehen
im Internet	4		D	besuchen
Musik	5		E	surfen
schwimmen	6		F	spielen
die Wohnung	7		G	hören

6 Was machen Sie gern oder nicht gern? Schreiben Sie drei Sätze.

Grammatik

7 Ergänzen Sie.

1. Fernando ________ am Abend ________. *(fernsehen)*
2. Der Kurs ________ morgen ________. *(stattfinden)*
3. Am Wochenende ________ ich meine Wohnung ________. *(aufräumen).*
4. Danach ________ ich Lebensmittel ________. *(einkaufen)*
5. Er ________ seine Freundin ________. *(abholen)*
6. Der Film ________ um 20.00 Uhr ________. *(anfangen)*
7. Wann ________ der Film ________? *(aufhören)*

Flüssig sprechen

8 Hören Sie zu und sprechen Sie nach. 44

5 Gewusst wie

Kommunikation

Sagen, was man gern oder nicht gern macht

Ich tanze gern. Ich sehe nicht gern fern.
Mein Hobby ist Tanzen.

Die Uhrzeit sagen

- Wie spät ist es?
- Es ist Viertel vor sieben.

- Wann kommst du?
- Ich komme um neun Uhr.

Einen Tagesablauf beschreiben

Am Vormittag habe ich einen Deutschkurs. Er fängt um neun Uhr an und geht bis halb eins. Am Nachmittag mache ich Hausaufgaben. Am Abend sehe ich fern.

Einen Wochenplan beschreiben

MONTAG	DIENSTAG
8.00–17.00	8.00–15.00
Arbeit	Sprachkurs

Am Montag arbeite ich lange. Am Dienstag habe ich Sprachkurs. Am Mittwoch ...

Sich verabreden

- Gehen wir zusammen schwimmen?
- Ja, gern. Wann?
- Am Dienstag.
- Das geht nicht. Am Dienstag habe ich keine Zeit. Geht es am Mittwoch?
- Ja, das geht.

Grammatik

Trennbare Verben

ab|holen	→	Sie	holt	ein Paket	ab.
auf|stehen	→	Ich	stehe	um sieben Uhr	auf.
ein|kaufen	→	Am Nachmittag	kauft	sie Lebensmittel	ein.

Satzstellung

Am Montag	gehe	ich	ins Kino.
Ich	gehe	am Montag	ins Kino.
Um halb sieben	beginnt	der Film.	
Der Film	beginnt	um halb sieben.	

Temporale Präpositionen

⊙ um → bis ←→ von ... bis

Kino Metropol
20:00 – 22:00 James Bond

Der Film beginnt **um** 20 Uhr. Er geht **bis** 22 Uhr. Der Film geht **von** 20 Uhr **bis** 22 Uhr.

Sie lernen:
- Einkaufsdialoge führen
- nach Preisen fragen
- sagen, was man gern und nicht gern isst/trinkt
- Tipps geben
- Imperativ
- Negation mit „nicht“

6

Guten Appetit!

- ◯ Äpfel
- ◯ Bananen
- ◯ Brot
- ◯ Butter
- ◯ Hähnchen
- ◯ Joghurt
- ◯ Kaffee
- ◯ Kartoffeln
- ◯ Käse
- ◯ Milch
- ◯ Nudeln
- ◯ Reis
- ◯ Sahne
- ◯ Salat
- ◯ Schokolade
- ◯ Tee
- ◯ Fisch
- ◯ Tomaten
- ◯ Wasser
- ◯ Wein
- ◯ Wurst
- ◯ Zwiebeln

1 Lebensmittel. Was ist was? Ordnen Sie zu.

Ü1

2a Essgewohnheiten. Machen Sie eine Umfrage im Kurs.

Ü2+3

	täglich	oft	manchmal	selten	nie
Kartoffeln		III		I	
Wein			II		I
...					

2b Fragen und antworten Sie.

Was isst du oft?

Ich esse oft Nudeln.

Trinkst du manchmal Wein?

Nein, ich trinke nie Wein.

A Der Einkaufszettel

1 Hören Sie und kreuzen Sie an: Was braucht Familie Kuhn? 45

2 Hören Sie das Gespräch noch einmal. Was passt zusammen? 45

Ü4

Kauf	1	A	nicht den Einkaufszettel.
Vergiss	2	B	doch in die Bäckerei.
Hol	3	C	bitte Butter.
Geh	4	D	das Brot bitte nicht im Supermarkt.
Holt	5	E	nicht die Eier.
Vergesst	6	F	auch Obst, Orangen und Äpfel.

(1 – C)

!

Der Imperativ

du: ~~Du~~ geh~~st~~ in die Bäckerei.
Geh in die Bäckerei!

ihr: ~~Ihr~~ holt zwei Dosen Mais.
Holt zwei Dosen Mais!

3 Einkaufszettel. Spielen Sie im Kurs.

- Kauf bitte Brot.
- Kauf bitte Brot und Milch.
- Kauf bitte Brot und Milch und ...

- Und vergiss nicht Reis.
- Und vergiss nicht Reis und Salat.
- Und vergiss nicht Reis und Salat und ...

4 Geben Sie Tipps.

Ü5

Wir haben Durst. *trinken – Apfelsaft*
Wir haben keine Milch. *gehen – in den Supermarkt*
Ich suche Arbeit. *lesen – die Stellenanzeigen*
Ich habe Hunger. *essen – ein Müsli*

Wir haben Durst.

Dann trinkt doch einen Apfelsaft!

5a Hören Sie die Ansagen im Supermarkt und ergänzen Sie die Lücken. 46

Ü6+7

bezahlen – Nehmen – Probieren

1. Jetzt im Angebot: Bananen aus Südamerika. Das Kilo für nur 1,10 €. ________ Sie die Bananen aus Südamerika!
2. Nur heute: Joghurt von Müller. ________ Sie drei Becher, und ________ Sie zwei!

Der Imperativ
Sie: Sie kaufen Orangen.
Kaufen Sie Orangen.

5b Schreiben Sie Ansagen für den Supermarkt und lesen Sie im Kurs laut vor.

Nehmen Sie ... – Probieren Sie ... – Kaufen Sie ...

6 Verpackungen. Ordnen Sie die Lebensmittel zu.

Ü8–10

Joghurt
~~Schokolade~~
Erbsen
Butter
Spaghetti
Wein
Marmelade
Chips
Orangen

1. 
eine Packung ________

2. 
ein Netz ________

3. 
ein Becher ________

4. 
eine Dose ________

5. 
eine Tafel *Schokolade*

6. 
eine Tüte ________

7. 
eine Flasche ________

8. 
ein Stück ________

9. 
ein Glas ________

7 Einkaufszettel. Was brauchen Sie? Arbeiten Sie zu zweit und berichten Sie.

A ... für ein Picknick am Wochenende?

B ... für ein Abendessen mit Freunden?

PICKNICK
– Essen: Brot,
10 Brötchen, 400 g Wurst
– Getränke: Bier, Saft, ...
– Kuchen

ABENDESSEN
1 Packung Spaghetti
500 g Hackfleisch
1 Dose Tomaten
...

1 g	=	1 Gramm
1 kg	=	1 Kilo(gramm)
1 Pfd.	=	1 Pfund (= 500 Gramm)
1 l	=	1 Liter

B Einkaufen

1a Ü11

Was kaufen Sie wo? Erzählen Sie.

○ im Supermarkt

○ am Kiosk

○ im Getränkemarkt

○ auf dem Markt

○ in der Bäckerei

Ich kaufe Gemüse auf dem Markt.

1b

Hören Sie und kreuzen Sie in 1a an: Zu welchen Fotos passen die Dialoge? 47

1c Ü12–14

Schreiben Sie die Dialoge. Kontrollieren Sie dann mit der CD. 47

Ich hätte gern 200g Hackfleisch. – ~~Was darf es sein?~~ – 3,00 €. – Ja, kein Problem. Wie viel kostet das? – Darf es etwas mehr sein?

Dann geben Sie mir bitte zwei Kilo. – Was kostet ein Kilo Tomaten? – ~~Ja, bitte?~~ – Haben Sie noch einen Wunsch? – 3,60 €. Danke. Und 40 Cent zurück – Danke, das ist alles. Was macht das? – Das Kilo kostet 1,80 €.

	Dialog 1	Dialog 3
Verkäufer:	*Was darf es sein?*	*Ja, bitte?*
Kunde:		
Verkäufer:		
Kunde:		
Verkäufer:		
Kunde:		
Verkäufer:		

2 Ü15

Hören Sie und kreuzen Sie an: Welcher Preis ist richtig? 48

1. Ein Kilo Tomaten kostet ○ 1,40 €. ○ 1,60 €.
2. Eine Flasche Wein kostet ○ 3,29 €. ○ 3,69 €.
3. Ein Stück Butter kostet ○ 0,85 €. ○ 0,95 €.
   Eine Packung Müsli kostet ○ 2,19 €. ○ 2,39 €.
   Ein Liter Milch kostet ○ 0,81 €. ○ 0,84 €.

i

Preise:
1,99 €
ein Euro neunundneunzig / eins neunundneunzig

3a Auf dem Markt. Ergänzen Sie den Dialog. Es gibt mehrere Möglichkeiten.

- Guten Tag. Was möchten Sie?
- ______ zwei Kilo Tomaten.
- ______?
- Ja bitte, noch ein Kilo Äpfel.
- Haben Sie noch einen Wunsch?
- Nein danke, ______.
- ______?
- Das macht zusammen 5,80 €.

3b Lesen Sie den Dialog laut.

4 Gehen Sie einkaufen. Spielen Sie Dialoge.

Ü16+17

	Kunde/Kundin	Verkäufer/Verkäuferin
Auf dem Markt 	1 Kilo Äpfel 2 Kilo Kartoffeln 1 Salat 2 Orangen 1 Pfund Zwiebeln 3 Birnen	Äpfel 2,00 € / kg Kartoffeln 1,10 € / kg Salat 1,00 € / Stück Orangen 0,49 € / Stück Zwiebeln 1,20 € / Pfund Birnen 2,50 € / kg
In der Bäckerei 	4 Brötchen 1 Weißbrot 2 Stück Käsekuchen	Brötchen 0,40 € / Stück Weißbrot 1,55 € / Stück Käsekuchen 1,45 € / Stück
Im Supermarkt 	200 g Schinken 300 g Hackfleisch	Schinken 1,30 € / 100 g Hackfleisch 9,90 € / kg

Was darf es sein?

Guten Tag, ich möchte ...

5 Schreiben Sie mit Ihrem Partner/Ihrer Partnerin einen Einkaufszettel und spielen Sie die Einkaufsdialoge.

Ü18+19

Sie möchten einen Salat machen.
Sie möchten eine Spezialität aus Ihrem Land machen.
...

!

möchten

ich	möchte
du	möchtest
er/es/sie	möchte
wir	möchten
ihr	möchtet
sie/Sie	möchten

C Das mag ich

1a Ü20

Was mag Susanna? Erzählen Sie.

Susanna mag Wurst, aber sie mag keinen Käse.

mögen

ich mag	wir mögen
du magst	ihr mögt
er/es/sie mag	sie/Sie mögen

1b Ü21

Was isst/trinkt sie nicht gern? Variieren Sie die Sätze.

Susanna mag keinen Käse. Sie isst nicht gern Käse.
Susanna mag Wurst. Sie isst gern Wurst.

Ich mag **kein** Bier.
(kein + Nomen)
Ich trinke **nicht gern** Bier.

2a Ü22

Was essen oder trinken Sie nicht gern, was mögen Sie? Machen Sie eine Liste.

Das mag ich	*Das esse/trinke ich nicht gern*
Schokolade	*Bier*

2b Ü23

Fragen und antworten Sie im Kurs.

Was magst du?	Ich mag ...
Was isst du gern / nicht gern?	Ich esse gern ... / nicht gern ...
Was trinkst du gern / nicht gern?	Ich trinke gern ... / nicht gern ...
Isst du gern Schokolade?	Nein, ich esse nicht gern ...
Trinkst du gern Tee?	Ja, ich trinke gern ...
Magst du Kartoffeln?	Nein, ich mag keine Kartoffeln.

D Essen in Deutschland

1 Sehen Sie sich die Fotos an und ordnen Sie zu.

Frühstück – Mittagessen – Abendessen – Kaffee und Kuchen – Imbiss – Kantine

1 

3 

5 

2 

4 

6 

2 Familie Schmidt. Lesen Sie den Text und beantworten Sie die Fragen.

Ü24

07:00 Familie Schmidt frühstückt. Herr Schmidt isst ein Brot mit Käse oder Wurst. Frau Schmidt mag Toast mit Marmelade und Honig. Sie trinken Kaffee. Daniel isst Cornflakes und trinkt Kakao. Seine Schwester Claudia isst Müsli mit Obst und trinkt Tee.

13:00 Frau Schmidt kocht das Mittagessen. Nach der Schule haben die Kinder großen Hunger. Sie essen gern Spaghetti mit Tomatensauce oder Hähnchen mit Reis und Gemüse. Es gibt Salat und zum Nachtisch einen Joghurt. Herr Schmidt isst mittags in der Kantine oder eine Kleinigkeit an einem Imbiss.

19:00 Zum Abendessen gibt es Brot, Käse und Wurst, Tomaten und Gurken, manchmal auch eine Dose Fisch. Herr Schmidt trinkt gern ein Bier, seine Frau Früchtetee ohne Zucker und die Kinder Apfelsaft und Mineralwasser.

1. Was isst und trinkt die Familie zum Frühstück?
2. Was mögen die Kinder zum Mittagessen?
3. Was gibt es zum Abendessen?

3 Was essen Sie? Was isst man in Ihrem Heimatland?

Ü25

Ich esse zum Frühstück ....

In ... isst man ...

6 Alles klar!

Kommunikation

1a Hören Sie und ordnen Sie den Dialog. 49

- ☐ Gern, sonst noch etwas?
- ☐ Das macht zusammen 3,15 €.
- 1 Guten Tag, was darf es sein?
- ☐ Nur 1,20 €.
- ☐ Ich hätte gern ein Kilo Kartoffeln.
- ☐ Wie viel kostet der Salat?
- ☐ Hier sind drei Euro und 15 Cent, bitte.
- ☐ Dann nehme ich noch einen Salat und zwei Orangen. Das ist dann alles.

1b Variieren Sie den Dialog.

1. 4 Brötchen, 2 Stück Käsekuchen, 1 Brot
   Preise: 1 Brötchen: 0,40 € / 1 Stück Käsekuchen: 2,10 € / 1 Brot: 1,90 €
2. 2 Kilo Tomaten, 500 g Erdbeeren, 2 Flaschen Wein
   Preise: 1 Kilo Tomaten: 1,90 € / 500 g Hackfleisch: 2 € / 1 Flasche Wein: 3,90 €

2 Was passt zusammen?

Ich verstehe die Grammatik nicht.	1	A	Dann lies doch ein Buch!
Wir haben keine Butter mehr.	2	B	Dann trink doch Kaffee!
Der Film ist langweilig.	3	C	Dann kauf doch ein!
Ich mag kein Fleisch!	4	D	Dann frag doch den Lehrer!
Ich trinke nicht gern Tee.	5	E	Dann iss doch Fisch!

3 Sie planen ein Kursfest. Was brauchen Sie? Sammeln Sie an der Tafel.

Essen	Getränke
Brot	...

Wortschatz

4 Hören Sie und notieren Sie die Preise. 50

1. ________ 3. ________ 5. ________ 7. ________
2. ________ 4. ________ 6. ________ 8. ________

5 Wie heißen die Lebensmittel? Notieren Sie sie mit Artikel.

1 
ERIS
der Reis

3 
AKEEFF
____

5 
ESKÄ
____

7 
ÄNHHNECH
____

9 
ETE
____

2 
TAALS
____

4 
OTBR
____

6 
CHFSI
____

8 
ERBI
____

10 
GUKIMMUA
____

6 Was essen oder trinken Sie gern oder nicht gern? Schreiben Sie Sätze mit den Lebensmitteln aus Aufgabe 5.

Ich trinke gern Kaffee. Aber ich trinke nicht gern Tee.
Ich mag ... / Ich esse gern ... / Ich esse nicht gern ... / Ich mag kein ... / keinen ...

Grammatik

7 Ergänzen Sie die Imperative.

1. *(essen)* Iss / Esst / Essen Sie nicht nur Schokolade!
2. *(vergessen)* ______ / ______ / ______ nicht die Hausaufgaben!
3. *(kommen)* ______ / ______ / ______ bitte!

8 Ergänzen Sie das Verb *mögen*.

1. ______ du Wein? 2. Sabine und Werner ______ gern Bananen.
3. Irina ______ keine Spaghetti. 4. ______ ihr Fisch?
5. Er ______ Süßigkeiten.

Flüssig sprechen

9 Hören Sie zu und sprechen Sie nach. 51

6 Gewusst wie

Kommunikation

Tipps geben

- Wir haben Durst.
- Dann trinkt doch Apfelsaft!

- Ich suche Arbeit.
- Dann lies doch die Stellenanzeigen!

Einkaufsdialoge führen

Verkäufer/Verkäuferin	Kunde/Kundin
Was darf es sein?	Wie viel kosten die Tomaten?
1 Pfund kostet 1,20 €.	Ich hätte gern zwei Kilo Tomaten.
Das macht zusammen 12 €.	Was macht das?

Sagen, was man gern oder nicht gern isst und trinkt

Ich mag keinen Wein. Ich trinke gern Tee, aber ich trinke nicht gern Kaffee.

Grammatik

Imperativ

		du-Form	ihr-Form	Sie-Form
gehen	~~du~~ geh~~st~~	Geh ...	Geht ...	Gehen Sie ...
holen	~~du~~ hol~~st~~	Hol ...	Holt ...	Holen Sie ...
vergessen	~~du~~ vergiss~~t~~	Vergiss ...	Vergesst ...	Vergessen Sie ...
(!) fahren	~~du~~ fähr~~st~~	F**a**hr ...	Fahrt ...	Fahren Sie ...
sein		**Sei** ...	**Seid** ...	**Seien** Sie ...

Gern, nicht gern und *kein*

Ich mag Käse, aber ich mag **keine** Wurst.

Ich esse **gern** Käse.
Ich esse **nicht gern** Wurst.

Ich trinke **gern** Tee.
Ich trinke **nicht gern** Kaffee.

Mögen und *möchten*

	mögen	möchten
ich	mag	möchte
du	magst	möchtest
er/es/sie	mag	möchte
wir	mögen	möchten
ihr	mögt	möchtet
sie/Sie	mögen	möchten

Sie lernen:
- über Berufe und Arbeit sprechen
- ein Überweisungsformular ausfüllen
- die Modalverben „können“, „müssen“, „wollen“
- Präpositionen mit Dativ

7

Meine Arbeit

1a Was ist wo? Welche Berufe kennen Sie? Berichten Sie.

Ü1

Im Erdgeschoss links ist eine Bank. Die Bank heißt ...

1b Ordnen Sie die Berufe zu.

◯ Hausmeister	◯ Koch	◯ Reinigungskraft
◯ Briefträger	◯ Lehrerin	◯ Sekretärin
(1) Kellnerin	◯ Maler	◯ Friseurin
◯ Bankkauffrau	◯ Programmierer	◯ Taxifahrer

1c Hören Sie. Welche Berufe aus 1b hören Sie? Unterstreichen Sie in 1b. 52

Ü2

A Das muss ich machen

1a Lesen Sie die Texte und ergänzen Sie die Tabelle.

Ü3+4

1

Ich bin Liam Phan und ich habe einen Laden mit Spezialitäten aus Asien. Ich muss die Waren in Asien bestellen, im Laden verkaufen und die Kunden bedienen. Mein Arbeitstag ist sehr lang: Ich arbeite von Montag bis Samstag. Ich öffne meinen Laden immer morgens um 8 Uhr und schließe um 19 Uhr. Nur am Samstag schließe ich schon am Mittag um 13 Uhr.

2

Ich bin Martina Steinert. Ich bin Bankkauffrau und arbeite bei der Volksbank. Ich muss immer früh aufstehen. Meine Arbeitszeit ist Montag bis Donnerstag von 9 bis 17 Uhr, am Freitag bis 16 Uhr. Ich habe viel Kontakt mit den Kunden: Ich berate sie, ich wechsle Geld und ich helfe bei Problemen mit Überweisungen. Ich kontrolliere die Kasse und muss Formulare bearbeiten und unterschreiben.

3

Ich heiße Stephanie Kuhn. Ich bin Sekretärin bei der Sprachschule Kramer. Ich mache die Kurslisten und nehme die Anmeldungen an.
Die Teilnehmer haben viele Fragen: Sie wollen die Kurstermine und die Preise wissen. Viele können noch nicht so gut Deutsch sprechen. Dann muss ich sehr langsam sprechen. Ich kann auch Englisch sprechen. Ich arbeite von 9 bis 16 Uhr, am Samstag und Sonntag habe ich frei. Das ist gut, denn am Wochenende will ich nicht arbeiten.

	Liam Phan	Martina Steinert	Stephanie Kuhn
Beruf	Ladenbesitzer		
Aufgaben	Waren bestellen und verkaufen, bedienen	Geld wechseln	
Arbeitszeit			Montag–Freitag: 9–16 Uhr

1b Was machen die Personen aus 1a? Fragen und antworten Sie.

Wie lange arbeitet Herr Phan?

Er arbeitet jeden Tag elf Stunden.

Wann öffnet er seinen Laden?

Was macht Frau Steinert?

Sie wechselt ...

1c Was sagt Frau Kuhn? Ergänzen Sie die Sätze.

1. Ich *muss* sehr langsam ______ .
2. Ich ______ auch Englisch ______ .
3. Am Wochenende ______ ich nicht ______ .

2a *Können, wollen* oder *müssen*? Ordnen Sie die Sätze den Bildern zu.

A

B

C

D

1. Er kann nicht Tennis spielen.
2. Wir wollen Deutsch lernen.
3. Sie müssen die Wohnung putzen.
4. Frau Funk muss früh aufstehen.

2b Schreiben Sie die Sätze ins Heft und markieren Sie.

Er kann nicht Tennis spielen.

3 Markieren Sie die Formen von *können, müssen* und *wollen* in den Aufgaben 1a und 2a. Ergänzen Sie dann die Tabelle.

Ü5–10

	können	**müssen**	**wollen**
ich			
du	*kannst*	*musst*	*willst*
er/es/sie			*will*
wir	*können*	*müssen*	
ihr	*könnt*	*müsst*	*wollt*
sie/Sie	*können*		

4 Schreiben Sie Sätze.

Ü11–12

1. Herr Phan – müssen – bestellen – die Waren
2. können – Deutsch lernen – hier – ihr
3. leider – nicht kommen – können – wir
4. arbeiten – Frau Kuhn – nicht am Wochenende – wollen
5. wollen – wir – studieren – in Deutschland
6. die Rechnung – Sie – bezahlen – müssen
7. müssen – du – sprechen – langsam
8. sehen – ich – wollen – den Film

1. Herr Phan muss die Waren bestellen.

5 Ihr Beruf. Was ist für Sie wichtig? Schreiben Sie Sätze und erzählen Sie.

Ü13–16

Ich kann (nicht) ... Ich will (nicht) ... Ich muss (nicht) ...

draußen/drinnen arbeiten – mit den Händen arbeiten – auch am Abend arbeiten – im Team arbeiten – zu Hause arbeiten – um 6.00 Uhr morgens aufstehen – viel verdienen – Karriere machen – viele Kontakte haben – im Büro arbeiten – am Wochenende arbeiten – alleine arbeiten – viel telefonieren – viel reisen

Ich will nicht zu Hause arbeiten. Ich kann ...

6 Kannst du ...? Musst du ...? Willst du ...? Fragen und antworten Sie.

Kannst du Auto fahren? – *Ja, das kann ich.*

Wollen wir am Samstag zusammen kochen? – *Nein, am Samstag muss ich putzen.*

Musst du am Sonntag früh aufstehen? – *Nein, ich kann lange schlafen.*

können
1. Ich kann Englisch sprechen.
2. Ich kann heute Abend kommen. Ich habe Zeit.

können: schwimmen? – bald Urlaub machen? – den Akkusativ erklären?
wollen: Freunde besuchen? – zusammen grillen? – zusammen Hausaufgaben machen?
müssen: viel arbeiten? – am Abend arbeiten? – am Wochenende arbeiten?

B Ein Tag im Leben von Martina Steinert

1a Ü17

Lesen Sie die Sätze und ordnen Sie sie den Bildern zu.

1. Frau Steinert geht um acht Uhr aus dem Haus und fährt zur Arbeit.
2. Die Bank öffnet um neun Uhr. Am Vormittag hilft sie den Kunden.
3. Um halb eins hat sie Mittagspause. Dann geht sie mit ihren Kollegen essen.
4. Nach der Pause hat sie einen Termin beim Chef.
5. Um halb sechs kommt Frau Steinert von der Arbeit und fährt zum Supermarkt.
6. Am Abend geht sie mit den Kindern zum Basketballtraining.

1b Ü18

Markieren Sie in 1a die Ausdrücke mit *aus, bei, mit, nach, von* und *zu*.

Frau Steinert geht um acht Uhr aus dem Haus und fährt zur Arbeit.

!

Präpositionen mit Dativ

der Chef	**mit** dem Chef
	beim Chef
die Arbeit	**nach** der Arbeit
	von der Arbeit
	zur Arbeit
das Haus	**aus** dem Haus
die Kinder (Pl.)	**mit** den Kinder**n**

zu dem → **zum** (zum Supermarkt)
zu der → **zur** (zur Arbeit)
bei dem → **beim** (beim Chef)
von dem → **vom** (vom Arzt)

2 Ü19+20

Ergänzen Sie die Sätze mit dem Dativ.

1. Sie geht zu r Post. (die Post)
2. Sie hat um elf Uhr einen Termin bei ___ ______. (der Friseur)
3. Frau Steinert kommt aus ___ ______. (das Büro)
4. Nach ___ ______ besucht sie einen Freund. (die Arbeit)

3

Und Sie? Machen Sie Notizen und berichten Sie.

Um acht Uhr fahre ich zur Arbeit ...

4 Hören Sie die Dialoge und kreuzen Sie an: richtig oder falsch? 53

Dialog 1

	R	F
1. Beate hat einen Termin beim Arzt.	O	O
2. Danach geht sie zu einer Freundin.	O	O
3. Sie ist um vier Uhr zu Hause.	O	O

Dialog 2

	R	F
4. Tom kommt von der Arbeit.	O	O
5. Er geht zu einem Spanischkurs.	O	O
6. Michael geht zur Arbeit.	O	O

5 Wo? Wohin? Woher? Schreiben Sie Sätze mit Präpositionen wie im Beispiel.

Ü21

Wo ist Frau Kuhn?

1. der Friseur *Frau Kuhn ist beim Friseur.*
2. die Chefin ______
3. der Bäcker ______

Wohin geht Frau Kuhn?

1. der Supermarkt *Frau Kuhn geht zum Supermarkt.*
2. die Haltestelle ______
3. die Kita ______

Woher kommt Frau Kuhn?

1. der Supermarkt *Frau Kuhn kommt vom Supermarkt.*
2. die Post ______
3. die Arbeit ______

6 Wo waren Sie gestern? Wohin gehen Sie heute? Fragen und antworten Sie.

Ü22+23

Chef – Friseur – Bäcker – Kita – Haltestelle – Supermarkt – Arbeit – Post

Wo waren Sie gestern?

Wohin gehen Sie heute?

!
Wo? → beim Arzt / bei der Chefin
Wohin? → zum Arzt / zur Schule
(!) Er fährt **nach** Stuttgart.
Woher? → vom Arzt / von der Chefin

C Rund ums Geld

1 Ü24

Ordnen Sie die Wörter den Fotos zu.

A das Girokonto **B** der Geldautomat **C** die EC-Karte **D** der Kontoauszug
E die Kontonummer (Konto-Nr.) und die Bankleitzahl (BLZ)

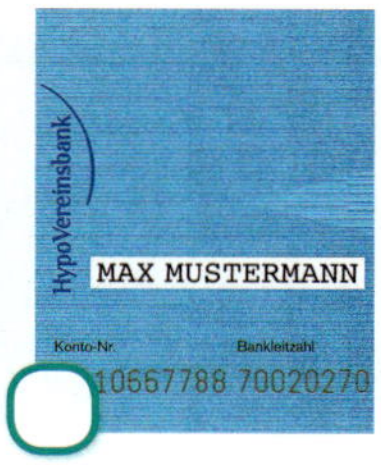

- Sie brauchen ein Konto für Ihr Gehalt?
- Sie wollen Rechnungen schnell und problemlos bezahlen?

Das Girokonto ist die Lösung! Ab 4 Euro Gebühr pro Monat.

2a

Hören Sie das Telefongespräch. Kreuzen Sie an: Was ist richtig? 54

- O **A** Herr Kuhn will heute Basketball spielen.
- O **B** Er will die Kontonummer vom Basketballverein wissen.

2b

Hören Sie noch einmal und ergänzen Sie die Informationen. 54

Bankverbindung Basketballverein Spandau

Konto-Nr: ________ *BLZ:* ________ *Berliner Sparkasse*

2c Ü25

Füllen Sie für Herrn Kuhn das Überweisungsformular aus.

Mitgliedsbeitrag 2009

96,00 Euro

Kontonummer von Herrn Kuhn: 2033107693

Überweisungsauftrag an
Dresdner Bank Aktiengesellschaft

Bankleitzahl des Auftraggebers: 1 0 0 8 0 0 0 0

61699485

Bei Handschrift in Blockschrift und „GROSSBUCHSTABEN" ausfüllen.

Begünstigter: Name, Vorname/Firma (max. 27 Stellen)

Konto-Nr. des Begünstigten | Bankleitzahl

Kreditinstitut des Begünstigten: BERLINER SPARKASSE

EUR | Betrag: Euro, Cent

Kunden-Referenznummer - Verwendungszweck, ggf. Name und Anschrift des Überweisenden - (nur für Begünstigten)

noch Verwendungszweck (insgesamt max. 2 Zeilen à 27 Stellen)

Kontoinhaber/Einzahler: Name, Vorname/Firma, Ort (max. 27 Stellen, keine Straßen- oder Postfachangaben): KUHN, THOMAS

Konto-Nr. des Kontoinhabers | 28

Blatt 2 Kopie für Auftraggeber

Ueb012 (1-2) 03.2007

Dispositionsvermerk:

Vergessen Sie bitte nicht das Datum und Ihre Unterschrift.

03.04.2009 — Datum
T. Kuhn — Unterschrift

7 Alles klar!

Kommunikation

1a Hören Sie den Dialog. Wann gehen Elena und Lydia ins Kino? 55

1b Hören Sie den Dialog noch einmal und kreuzen Sie an: richtig oder falsch? 55

	R	F
1. Am Mittwoch will Elena ihren Bruder besuchen.	O	O
2. Lydia muss am Mittwoch lange arbeiten.	O	O
3. Nach dem Kino muss Elena arbeiten.	O	O

2a Sie wollen mit Ihrem Partner / Ihrer Partnerin ins Kino gehen.
Fragen und antworten Sie.

A

MO 25	15–22 Uhr arbeiten
DI 26	15:00 Uhr Spanisch lernen
MI 27	---
DO 28	20:00 Uhr Konzert

- Kannst du am Mittwochnachmittag?
- Da kann ich nicht. Ich muss ...

B

MO 25	17:00 Uhr Eltern besuchen
DI 26	17:00 Uhr arbeiten
MI 27	16:00 Uhr putzen
DO 28	15:00 Uhr arbeiten

- Da kann ich nicht. Ich will putzen.
  Kannst du am ...?

Wortschatz

3 Ordnen Sie die Berufe zu.

Lehrerin – Maler – Briefträgerin – Programmiererin – Kellner – Friseur

4 Welches Verb passt nicht? Streichen Sie.

1. **Arbeit:** suchen – finden – haben – spielen
2. **Geld:** überweisen – probieren – holen – haben
3. **Waren:** anrufen – verkaufen – bestellen – kaufen
4. **einen Laden:** öffnen – schließen – bestellen – haben
5. **die Bankleitzahl:** wissen – notieren – suchen – öffnen

5 Wie heißen die Wörter? Schreiben Sie die Wörter mit Artikel.

aus – Bank – EC- – Gi – Kar – kon – ~~Kon~~ – Kon – leit – ~~mer~~ – ~~num~~ – ro – sung – te – ~~to~~ – to – to – Über – wei – zahl – zug

1. die Kontonummer
2. ______
3. ______
4. ______
5. ______
6. ______

Grammatik

6 Schreiben Sie Sätze.

1. wollen: ihr – was – wissen? → Was wollt ihr wissen?
2. müssen: ihre Tochter – Frau Klasnic – abholen – vom Kindergarten.
3. wollen: ich – machen – Urlaub.
4. können: morgen – Sie – um 15 Uhr – kommen?
5. müssen: jetzt – schlafen – ihr.
6. wollen: du – wann – essen?

7 Ergänzen Sie die Sätze mit der passenden Präposition.

aus – von – zum – von – zu – aus – mit

1. Marines kommt ______ der Arbeit.
2. Wir fahren ______ einem Fußballspiel.
3. Er kommt ______ seiner Freundin.
4. Peter geht ______ dem Haus.
5. Herr Pamuk kommt ______ der Küche.
6. Frau Pamuk geht ______ ihrer Tochter ______ Arzt.

Flüssig sprechen

8 Hören Sie zu und sprechen Sie nach. 56

7 Gewusst wie

Kommunikation

Über Berufe und Arbeit sprechen

Ein Ladenbesitzer muss Waren bestellen.
Eine Sekretärin muss viel telefonieren.
Die Arbeitszeit bei der Bank ist von 9.00 Uhr bis 17.00 Uhr.

Sagen, was man kann, will oder muss

Ich kann gut Englisch sprechen.
Ich kann am Wochenende lange schlafen.
Wir müssen morgen früh aufstehen.
Ich will nicht draußen arbeiten.

Ein Überweisungsformular ausfüllen

- Wie heißt die Kontonummer?
- Die Kontonummer ist 255 412 4132 und die Bankleitzahl 501 90 000.

Grammatik

Modalverben

	können	müssen	wollen
ich	kann	muss	will
du	kannst	musst	willst
er/es/sie	kann	muss	will
wir	können	müssen	wollen
ihr	könnt	müsst	wollt
sie/Sie	können	müssen	wollen

Satzklammer bei Modalverben

Ich	kann	gut	lesen.
Meine Schwester	muss	jeden Tag früh	aufstehen.
Meine Eltern	wollen	nach Italien	fahren.

Präpositionen mit Dativ

aus, bei, mit, nach, von, zu mit Dativ

zu de**m** → zu**m** bei de**m** → bei**m**
zu de**r** → zu**r** von de**m** → vo**m**

Artikel im Dativ

		bestimmter Artikel	unbestimmter Artikel
m	der Laden	Sie geht **aus dem** Laden.	**aus einem** Laden
n	das Kind	Er spielt **mit dem** Kind.	**mit einem** Kind
f	die Schule	Sie kommt **von der** Schule.	**von einer** Schule
Pl.	die Freunde	Er fährt **zu den** Freunden.	**zu** Freunde**n**

Possessivartikel haben die gleiche Endung wie der unbestimmte Artikel.
aus meinem Laden, mit meinem Kind, von meiner Schule (!) zu meinen Freunden

Station 2

Wiederholung

1a Acht Situationen. Arbeiten Sie zu zweit. Wählen Sie drei Situationen aus, machen Sie Notizen und spielen Sie die Dialoge mit Ihrem Partner.

1. Fragen Sie nach der Uhrzeit.

2. Sie wollen mit einem Freund/einer Freundin ein Konzert besuchen. Machen Sie einen Termin.

3. Sie sind auf dem Markt und wollen Gemüse kaufen. Spielen Sie einen Dialog.

4. Sie wollen den Mitgliedsbeitrag für den Basketballverein überweisen. Rufen Sie an und fragen Sie nach den Bankdaten.

5. Was wollen Sie am Wochenende machen? Erzählen Sie.

6. Sie wollen heute Abend kochen. Machen Sie mit Ihrem Partner/Ihrer Partnerin die Einkaufsliste.

7. Sie haben einen Termin bei Ihrem Chef. Fragen Sie: Was müssen Sie heute machen?

8. Sie bekommen am Wochenende Besuch von einem Freund/einer Freundin. Machen Sie gemeinsam Pläne.

Spiel und Spaß

3a Bilden Sie zwei Gruppen. Ordnen Sie die Wörter den Wortfeldern zu. Diskutieren Sie, wo die Wörter passen. Welche Gruppe ist schneller?

die Arbeitszeit	die EC-Karte	der Imbiss
die Bäckerei	das Ei	das Kino
der Ball	das Frühstück	der Kontoauszug
die Bankleitzahl	der Geldautomat	das Konzert
die Bankverbindung	das Girokonto	die Mittagspause
das Büro	der Hausmeister	der Markt
das Computerspiel	das Hobby	der Maler

Essen	Geld/Bank	Arbeit/Beruf	Freizeit
das Ei			

3b Lesen Sie die Wörter in 3a. Sie haben zwei Minuten Zeit. Schließen Sie das Buch. Wie viele Wörter können Sie mit Artikel aufschreiben?

3c Bilden Sie im Kurs vier Gruppen. Jede Gruppe macht ein Lernplakat mit weiteren Wörtern und Sätzen zu den Wortfeldern. Vergleichen Sie im Kurs.

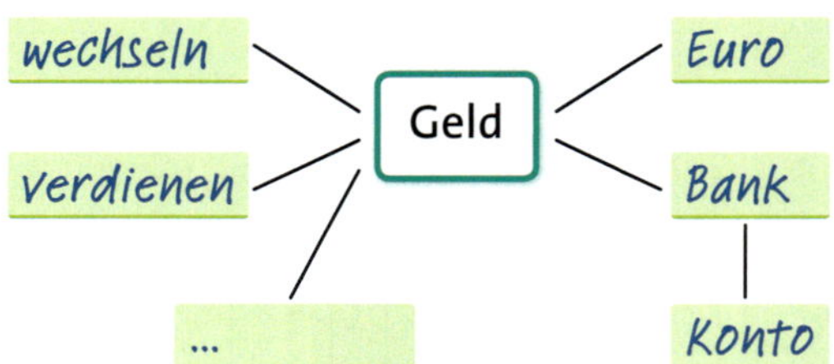

4 Berufe raten. Fragen und raten Sie im Kurs.

Phonetik

LEKTION 1

Willkommen!

Rhythmisch sprechen

1 Hören Sie, klatschen Sie die Silben und sprechen Sie nach. 57

Gu ten Tag. Wie geht's?

Wie geht es Ih nen? Dan ke gut. Und Ih nen?

2a Schwere und leichte Silben. Hören Sie, klatschen Sie und sprechen Sie nach. 58

Gu ten Tag. Wie geht's? Dan ke gut. Und Ih nen?

Ent schul di gung, wie hei ßen Sie? Mein Na me ist ...

2b Sprechen Sie die Dialoge mit Ihrem Partner.

LEKTION 2

Alte Heimat, neue Heimat

Der Wortakzent

Jedes Wort hat eine betonte (wichtige Silbe). Das ist der Wortakzent.

Beispiel: der **Blei**stift

Klatschen Sie den Wortakzent so:

der *Blei* *stift*

1 Hören Sie, klatschen Sie und sprechen Sie nach. 59

das **Fen** ster – der **Leh** rer – die **Leh** re rin – der **Plus** punkt

2a Hören Sie die Wörter und markieren Sie den Wortakzent. 60

Deutsch land – Eu ro pa – Af ri ka – A sien – A me ri ka – Aus tra lien

2b Wie heißt Ihr Land auf Deutsch? Schreiben Sie und markieren Sie den Wortakzent.

Ich komme aus ______, das liegt in ______.

2c Fragen und antworten Sie im Kurs. Achten Sie auf den Wortakzent.

LEKTION 3 Wohnen in Deutschland

Die Vokale *a e i o u*

1 Hören Sie zu und sprechen Sie nach. 61

a das Schlafzimmer – das Bad – das Regal – die Lampe – der Schrank – schwarz
e zehn – der Herd – wie geht's – das Bett – der Sessel – gelb
i wie – der Spiegel – lila – das Bild – der Tisch – das Kind
o wohnen – das Sofa – groß – kommen – kosten – Willkommen
u der Stuhl – die Blume – das Buch – der Kurs – und – die Nummer

2a Hören Sie und ergänzen Sie die Vokale. 62

- G__ten T__g, w__e __st __hr N__me?
- G__ten T__g, mein N__me __st Kleev.
- W__e bitte?
- Mom__nt, __ch buchstab__ere: K L E E V.
- W__hnen S__e sch__n l__nge h__er?
- J__, sch__n z__hn J__hre.
- W__s s__nd S__e v__n Ber__f?
- L__hrer.

2b Hören Sie noch einmal und sprechen Sie nach. 63

LEKTION 4 Meine Familie

Das *er* in der Endung

1a Hören Sie und markieren Sie den Wortakzent. 64

der Vater – die Mutter – der Bruder – die Schwester – die Geschwister – die Tochter – die Eltern

Das *er* in der Endung spricht man wie ein schwaches *a*. Man hört kein *r*!

1b Hören Sie noch einmal und sprechen Sie nach. 65

Das *e* in der Endung

2a Hören Sie und markieren Sie den Wortakzent. 66

die Tante – die Nichte – der Neffe – die Cousine – der Onkel – die Familie

In der Endung spricht man das *e* schwach: die Tante – der Onkel

2b Hören Sie noch einmal und sprechen Sie nach. 67

3 Sprechen Sie die Pluralformen und achten Sie auf den Wortakzent und die Endungen.

das Heft – die Hefte
der Stift – die Stifte
der Film – die Filme
der Freund – die Freunde

der Sohn – die Söhne
das Buch – die Bücher
der Mann – die Männer
das Kind – die Kinder

das Bild – die Bilder
das Land – die Länder

LEKTION 5

Mein Tag, meine Woche

Lange und kurze Vokale

1 Hören Sie zu und sprechen Sie nach. 68

lange Vokale: der Tag – wie geht's – auf Wiedersehen – wohnen – Fußball
kurze Vokale: wann – enden – schwimmen – Hobby – der Junge

Lange Vokale markiert man so: der Tag
Kurze Vokale markiert man so: wann

2a Suchen Sie die Wörter in der alphabetischen Wortliste (ab S. 101) und markieren Sie die Vokale.

Montag Dienstag Mittwoch Donnerstag Freitag Samstag Sonntag

2b Hören Sie die Wochentage und sprechen Sie nach. 69

lang

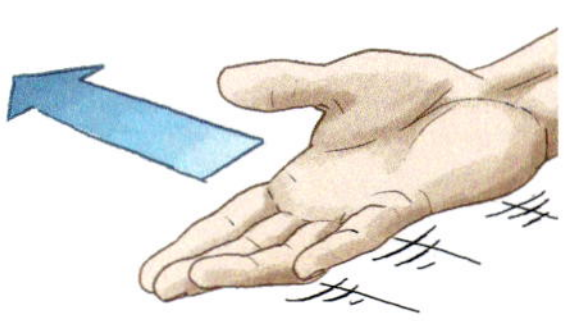

kurz

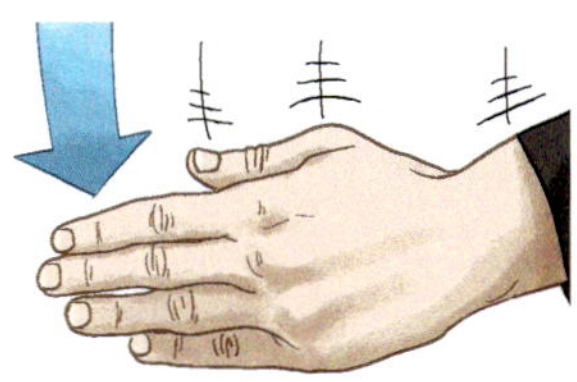

3 Fragen und antworten Sie. Achten Sie auf die Vokale.

Was machst du am Montag?

Am Montag gehe ich schwimmen.

... gehe ich schwimmen.
... koche ich.
... fahre ich Fahrrad.

LEKTION 6

Guten Appetit

Die Umlaute *ä ö ü*

1a Hören Sie zu und sprechen Sie nach. 70

ä der Käse – das Hähnchen – zwei Äpfel – die Getränke
ö das Brötchen – schön – die Köchin – ich möchte
ü das Müsli – die Tüte – wünschen – Tschüss

1b Hören Sie noch einmal und markieren Sie: Ist der Vokal lang oder kurz? 70

2a Das *i* und das *ü*. Mundgymnastik. Hören Sie zu und sprechen Sie nach. 71

iiiii üüüüü iii üüü i ü iü iü

2b Hören Sie und kreuzen Sie an: Welchen Namen hören Sie? 72

1. O Bittner O Büttner 2. O Bühler O Bieler 3. O Miller O Müller

3a Das *e* und das *ö*. Mundgymnastik. Hören Sie zu und sprechen Sie nach. 73

eeeee ööööö eee ööö e ö eö eö

3b Hören Sie und kreuzen Sie an: Welchen Namen hören Sie? 74

1. O Werner O Wörner 2. O Kehler O Köhler 3. O Hehne O Höhne

4 Wählen Sie einen Namen und stellen Sie sich vor. Machen Sie Dialoge wie im Beispiel.

Guten Tag, mein Name ist Bühler.

Guten Tag, Frau Biehler.

Nein, Bühler ist mein Name.

Entschuldigung, Frau Bühler.

LEKTION 7

Meine Arbeit

Die Diphtonge *ei au eu*

1 Hören Sie zu und sprechen Sie nach. 75

eu neu – Deutsch – Euro – der Freund – heute – der Verkäufer
au verkaufen – die Hausaufgabe – draußen – zu Hause – aus
ei der Teilnehmer – überweisen – allein – reisen – bei – seit

> **i**
> äu = eu   ai = ei

2a Was ist er von Beruf? Hören Sie den Dialog und ergänzen Sie *ei, au* oder *eu.* 76

- Müssen Sie früh ___ fstehen?
- Ja, manchmal muss ich früh ___ fstehen.
- Arbeiten Sie dr ___ ßen?
- Ja, manchmal arbeite ich dr ___ ßen, manchmal arbeite ich aber ___ ch im H ___ s.
- Arbeiten Sie all ___ ne?
- Ja, oft arbeite ich all ___ ne.
- R ___ sen Sie viel?
- Nein, ich muss l ___ der nicht r ___ sen.
- Br ___ chen Sie ___ n ___ to?
- Ja, manchmal muss ich etwas ___ nkaufen, dann br ___ che ich ___ n ___ to.
- Arbeiten Sie h ___ te?
- Nein, h ___ te habe ich Url ___ b.

Er ist Hausmeister.

2b Hören Sie noch einmal und sprechen Sie nach. 77

3 Fragen und antworten Sie.

- Müssen Sie früh aufstehen?
- Arbeiten Sie draußen?
- Arbeiten Sie alleine?
- Reisen Sie viel?
- Brauchen Sie ein Auto?

Grammatik im Überblick

1 Verben

1a Präsens

Regelmäßige Verben

Infinitiv		kommen	heißen	arbeiten*
Singular	ich	komme	heiße	arbeite
	du	kommst	heißt	arbeitest
	er/es/sie/man	kommt	heißt	arbeitet
Plural	wir	kommen	heißen	arbeiten
	ihr	kommt	heißt	arbeitet
	sie/Sie	kommen	heißen	arbeiten

Woher kommen Sie?

*genauso: antworten: er/sie antwortet kosten: er/sie kostet

Verben mit Vokalwechsel e→i/ie a→ä

		e→i	e→ie	a→ä
Infinitiv		sprechen	lesen	fahren
Singular	ich	spreche	lese	fahre
	du	sprichst	liest	fährst
	er/es/sie/man	spricht	liest	fährt
Plural	wir	sprechen	lesen	fahren
	ihr	sprecht	lest	fahrt
	sie/Sie	sprechen	lesen	fahren

Sie spricht sehr gut Deutsch.

genauso: treffen: er/sie trifft
helfen: er/sie hilft
geben: er/sie gibt
sehen: er/sie sieht
anfangen: er/sie fängt an
essen: er/sie isst
nehmen: er/sie nimmt
vergessen: er/sie vergisst
schlafen: er/sie schläft
ausfallen: er/sie fällt aus

Unregelmäßige Verben

Infinitiv		sein	haben	mögen	wissen	möchten
Singular	ich	bin	habe	mag	weiß	möchte
	du	bist	hast	magst	weißt	möchtest
	er/es/sie/man	ist	hat	mag	weiß	möchte
Plural	wir	sind	haben	mögen	wissen	möchten
	ihr	seid	habt	mögt	wisst	möchtet
	sie/Sie	sind	haben	mögen	wissen	möchten

Trennbare Verben

auf|stehen	→	Ich	stehe	um acht Uhr	auf.
ein|kaufen	→	Er	kauft	Lebensmittel	ein.

genauso: abholen, anfangen, ankreuzen, annehmen, anrufen, aufhören, aufräumen, ausfallen, ausfüllen, ausgehen, fernsehen, mitbringen, mitkommen, wegfahren, wiederkommen

Modalverben

Infinitiv		**können**	**wollen**	**müssen**
Singular	**ich**	kann	will	muss
	du	kannst	willst	musst
	er/es/sie/man	kann	will	muss
Plural	**wir**	können	wollen	müssen
	ihr	könnt	wollt	müsst
	sie/Sie	können	wollen	müssen

Ich	kann	gut Deutsch	sprechen.
Er	muss	heute um acht Uhr	aufstehen.
Sie	wollen	Deutsch	lernen.

1b Der Imperativ

	Sie	**du**	**ihr**
machen	Machen Sie ...	Mach ...	Macht ...
sprechen	Sprechen Sie ...	Sprich ...	Sprecht ...
mitkommen	Kommen Sie ... mit!	Komm ... mit!	Kommt ... mit!
(!) **fahren**	Fahren Sie ...	Fahr ...	Fahrt ...
sein	Seien Sie ...	Sei ...	Seid ...

Schreiben Sie, bitte!

1c Präteritum

Sein und *haben*

Infinitiv		**sein**	**haben**
Singular	**ich**	war	hatte
	du	warst	hattest
	er/es/sie/man	war	hatte
Plural	**wir**	waren	hatten
	ihr	wart	hattet
	sie/Sie	waren	hatten

Waren Sie schon einmal in Berlin?

Nein, leider noch nicht.

2 Artikel – Nomen – Pronomen

2a Die Artikel

	m (maskulin)		n (neutral)		f (feminin)		Pl. (Plural)	
bestimmter Artikel	der	Mann	das	Auto	die	Frau	die	Kinder
unbestimmter Artikel	ein		ein		eine		–	
Negativartikel	kein		kein		keine		keine	
Possessivartikel	mein		mein		meine		meine	

Da ist ein Mann.

Das ist der Mann von Frau Kuhn.

2b Possessivartikel

Sind das Ihre Kinder?

Ja, das ist meine Tochter Nina und das ist mein Sohn Markus.

	m		n		f		Pl.	
ich	mein	**Mann**	mein	**Haus**	meine	**Frau**	meine	**Kinder**
du	dein		dein		deine		deine	
er/es	sein		sein		seine		seine	
sie	ihr		ihr		ihre		ihre	
Sie	Ihr		Ihr		Ihre		Ihre	

2c Nominativ, Akkusativ und Dativ

Nominativ

	m		n		f		Pl.	
bestimmter Artikel	der	**Mann**	das	**Haus**	die	**Frau**	die	**Kinder**
unbestimmter Artikel	ein		ein		eine		–	
Negativartikel	kein		kein		keine		keine	
Possessivartikel	mein		mein		meine		meine	

Das Haus ist sehr alt. Das sind meine Kinder.

Akkusativ

	m		n		f		Pl.	
bestimmter Artikel	den	**Mann**	das	**Haus**	die	**Frau**	die	**Kinder**
unbestimmter Artikel	einen		ein		eine		–	
Negativartikel	keinen		kein		keine		keine	
Possessivartikel	meinen		mein		meine		meine	

Ich kenne den Mann nicht. Ich sehe keine Kinder.

Dativ

	m		n		f		Pl.	
bestimmter Artikel	dem	**Mann**	dem	**Haus**	der	**Frau**	den	**Kindern**
unbestimmter Artikel	einem		einem		einer		–	
Negativartikel	keinem		keinem		keiner		keinen	
Possessivartikel	meinem		meinem		meiner		meinen	

Ich fahre mit meiner Frau und meinen Kindern nach München.

Das Nomen hat im Dativ Plural immer die Endung **-n**.
Wir spielen **mit den** Kinder**n**.
Ausnahme: Nomen mit s-Plural: die Autos – mit den Autos.

2d Singular und Plural

	Singular	Plural		Singular	Plural
-e	der Tisch	die Tische	–	der Computer	die Computer
-en	die Zahl	die Zahlen	-er	das Kind	die Kinder
-n	die Tasche	die Taschen	-s	das Auto	die Autos
-nen	die Lehrerin	die Lehrerinnen	mit Umlaut	der Stuhl	die Stühle
				das Haus	die Häuser

2e Nomen und Pronomen

Der Schrank ist alt. **Er** ist schön. **Das Bett** ist neu. **Es** ist modern.
Die Küche ist klein. **Sie** ist billig. **Die Blumen** sind schön. **Sie** sind rot.

3 Präpositionen

3a Temporale Präpositionen

um	um 8 Uhr, um halb 10, um 13 Uhr 30
	Der Film beginnt um 20 Uhr.
bis	Der Film geht bis 22 Uhr.
von ... bis	Der Film geht von 20 Uhr bis 22 Uhr.

an } + Dativ	Am Montagnachmittag geht sie ins Kino.
nach } + Dativ	Nach der Pause hat sie einen Termin.
vor } + Dativ	Es ist Viertel vor acht.

3b Lokale Präpositionen

Wo?

bei	Sie ist beim Friseur. Sie arbeitet bei der Volksbank
in	Sie ist im Supermarkt.

> bei + dem → beim
> in + dem → im

Wohin?

zu	Sie geht zur Post.
nach	Sie fährt nach Italien.
in	Sie fliegt in die Schweiz.

> zu + der → zur
> zu + dem → zum

Woher?

von	Sie kommt von der Arbeit.
aus	Sie kommt aus Frankreich.

> von + dem → vom

3c Präpositionen mit Dativ

bei	Ich wohne bei meinen Verwandten.
nach	Nach dem Deutschkurs möchte ich eine Arbeit suchen.
aus	Ich gehe jeden Morgen um acht Uhr aus dem Haus.
mit	Ich fahre mit meiner Freundin nach Hamburg.
zu	Ich gehe jeden Tag zur Sprachschule.
von	Um 13 Uhr komme ich von der Sprachschule nach Hause.

4 Die Wörter im Satz

4a Verneinung mit *nicht* und *kein*

ein → kein

Ich habe **einen** Tisch / **ein** Sofa / **eine** Waschmaschine / Stühle.
Ich habe **keinen** Tisch / **kein** Sofa / **keine** Waschmaschine / **keine** Stühle.
Ich habe **kein** Geld / **keine** Zeit / **keine** Lust.

nicht

Heute kommt er. Morgen kommt er **nicht**.
Sie isst gern Käse. Sie isst **nicht** gern Käse.
Ich arbeite viel. Ich arbeite **nicht** viel.

4b Aussagesätze und W-Fragen

	Position 2	
Woher	**kommen**	Sie?
Ich	**komme**	aus Costa Rica.
Wie	**heißt**	Ihr Sohn?
Er	**heißt**	Lukas.
Was	**sind**	Sie von Beruf?
Ich	**bin**	Lehrerin.

Am Wochenende	**besuche**	ich meine Freunde.
Ich	**besuche**	am Wochenende meine Freunde.
Dann	**machen**	wir eine Radtour.

4c Ja/Nein-Fragen (Satzfragen)

Kommen	Sie aus München?
Haben	Sie morgen Zeit?
Möchtest	du einen Kaffee?
Kennt	ihr Berlin?

4d Satzklammer (trennbare Verben, Modalverben)

Wann	**holst**	du morgen die Kinder	**ab?**
Ich	**hole**	sie am Nachmittag	**ab.**
Frau Steiner	**muss**	morgen früh	**aufstehen.**
Frau Kuhn	**will**	am Wochenende nicht	**arbeiten.**

Unregelmäßige Verben

Die Liste enthält alle unregelmäßigen Verben aus Pluspunkt Deutsch A1 – Teilband 1.

Infinitiv	er/es/sie/man
anfangen	fängt an
annehmen	nimmt an
ausfallen	fällt aus
beraten	berät
dürfen	darf
essen	isst
fahren	fährt
geben	gibt
haben	hat
helfen	hilft
können	kann
lesen	liest
mögen	mag
müssen	muss
nehmen	nimmt
schlafen	schläft
sehen	sieht
sprechen	spricht
treffen	trifft
vergessen	vergisst
wegfahren	fährt weg
wissen	weiß
wollen	will

Hörtexte

Hier finden Sie alle Hörtexte, die nicht oder nicht vollständig im Buch abgedruckt sind.

LEKTION 1 Willkommen!

A 4

1. Hallo, Katja.
2. Tschüss, Tim.
3. Guten Tag, Frau Meier. Wie geht es Ihnen?
4. Hallo. Wie heißt du?
5. Auf Wiedersehen, Herr Schmidt.
6. Guten Tag. Wie heißen Sie?

C 2

2. G **3.** Z **4.** J **5.** D **6.** V **7.** R **8.** Q
9. H **10.** W **11.** E **12.** S

C 3

2. ◖ Wie heißen Sie?
◖ Katja Schmidt.
◖ Wie bitte? Wie schreibt man das?
◖ Moment, ich buchstabiere:
K A T J A S C H M I D T.

3. ◖ Wie heißen Sie?
◖ Markus Langer.
◖ Wie bitte? Wie schreibt man das?
◖ Moment, ich buchstabiere:
M A R K U S L A N G E R.

4. ◖ Wie heißen Sie?
◖ Susanne Müller.
◖ Wie bitte? Wie schreibt man das?
◖ Moment, ich buchstabiere:
S U S A N N E M Ü L L E R.

D 3

2. HB DX 414 **3.** F LA 832 **4.** B RU 496
5. ZH 871 6432 **6.** W MA 9

Alles Klar 3

2. B E R L I N **3.** M Ü N C H E N
4. K Ö L N **5.** W I E N
6. Z Ü R I C H

Alles Klar 8

Wie heißen Sie? – Woher kommen Sie? – Wie geht es Ihnen? – Was sind Sie von Beruf? Wie bitte? – Wie schreibt man das?

LEKTION 2 Alte Heimat, neue Heimat

B 1b

Das ist die Tafel. Hier ist das Heft und das ist der Kugelschreiber. Das ist die Tasche. Und hier ist die Lampe. Das ist der Tisch und hier ist der Stuhl.

C 3

1. Ich bin Thomas, meine Telefonnummer ist 238 91 72.
2. Ich heiße Birte, meine Handynummer ist 0175 867 54 55, Matteo hat die Nummer 089 53 22 67.
3. ◖ Hast du die Nummer von Herrn Mai?
◖ Ja, er hat die Nummer 833 45.
4. ◖ Tamara hat jetzt Telefon!
◖ Und wie ist die Nummer?
◖ Die Nummer ist 0711 22 63 55 08.
5. ◖ Wie ist die Nummer von Sandra?
◖ Sandra hat kein Telefon.

C 4a

Und im Ziel begrüßen wir die Nummern: 696, 245, 372, 483, 824, 717, 538, 111.

Alles Klar 2a

- Wie heißen Sie?
- Mein Name ist Linda Mankell.
- Woher kommen Sie?
- Ich komme aus Schweden.
- Sie sind also Schwedin. Und Ihre Muttersprache ist Schwedisch?
- Ja.
- Wo wohnen Sie?
- Ich wohne in der Kantstraße 37 in Berlin. Die Postleitzahl ist 10627.
- Und Ihr Beruf?
- Ich bin Ärztin.
- Wie alt sind Sie?
- Ich bin 27 Jahre alt.
- Frau Mankell, vielen Dank für die Informationen.

Alles Klar 8

Wie ist Ihre Adresse? – Wie ist Ihre Telefonnummer? – Welche Sprachen sprechen Sie? – Was ist Ihre Muttersprache? – Was ist Ihre Nationalität? – Was ist das? – Wie buchstabiert man das? – Wie heißt der Plural?

LEKTION 3 Meine Wohnung

B 1

- Wir brauchen noch ein Regal für das Wohnzimmer.
- Das ist kein Problem. Bei Möbel Hanser sind Möbel sehr billig. Dort kaufen wir auch neue Stühle. Brauchen wir einen Teppich?
- Nein, aber wir haben noch keine Spülmaschine.
- Elektro Müller hat viele Sonderangebote. Die Spülmaschine kaufen wir da.

Alles Klar 8

Sind Sie neu hier? – Sprechen Sie Deutsch? – Ist Ihre Wohnung ruhig? – Ist Ihre Wohnung groß? – Wohnen Sie im Erdgeschoss? – Haben Sie einen Garten? – Finden Sie die Wohnung schön?

LEKTION 4 Meine Familie

Auftaktseite 2

Hallo, ich bin Nina Hoffmann. Das ist meine Familie. Oben auf dem Foto rechts sind meine Eltern. Mein Vater heißt Rolf und meine Mutter heißt Heike. Ich habe zwei Geschwister. Mein Bruder heißt Markus und meine Schwester heißt Tanja. Oben links sind meine Großeltern. Mein Großvater heißt Heinz und meine Großmutter heißt Hilde. Meine Familie ist groß. Ich habe auch ...

B 1

- Hallo, Roberto, kommst du bald nach Berlin?
- Ja, ich habe jetzt Zeit und komme gern nach Berlin.
- Das ist schön. Wann kommst du?
- Ich komme am Wochenende und bleibe zwei Tage. Was machen wir?
- Oh, da habe ich viele Ideen. In Berlin gibt es viele Sehenswürdigkeiten.

B 2b

Also, zuerst kaufen wir Lebensmittel im Supermarkt. Dann machen wir eine Radtour. Danach kochen wir Mittagessen und besichtigen Berlin. Es gibt sehr viele Sehenswürdigkeiten. Dann besuchen wir ein Straßenfest in Kreuzberg.

B 3b

- Also, Marek, kommst du dann am Wochenende?
- Ja, natürlich. Was machen wir?

- Ich habe einige Ideen. Zuerst machen wir einen Stadtbummel. Die Innenstadt ist sehr schön, besonders die Alster. Dann machen wir eine Hafenrundfahrt, denn auch der Hafen ist interessant und sehr groß. Danach besuchen wir die Speicherstadt. Was willst du noch machen?
- Ich möchte gern ...

D 1a

- In unserer Reihe „Senioren in Bremen“ sprechen wir heute mit Hermine Müller. Frau Müller, erzählen Sie doch von Ihrem Leben früher und von Ihrer Familie.
- Ach, früher war alles anders. Die Familien in Deutschland waren groß, eine Familie hatte oft acht oder zehn Kinder.
- Wie viele Kinder waren Sie?
- Wir waren neun Kinder. Ich hatte drei Schwestern und fünf Brüder.
- Was war Ihr Vater von Beruf?
- Mein Vater war Arzt von Beruf. Mein Elternhaus war sehr groß und mein Vater hatte auch seine Praxis im Haus. Meine Eltern hatten viel Zeit für uns Kinder, ich hatte keine langweilige Kindheit.

Alles Klar 3

Hier guck mal, das sind Fotos von meiner Familie. Hier bin ich und links steht meine Schwester Maria. Das sind meine Brüder. Links ist Sascha und rechts ist Lukas. Und das sind meine Eltern. Mein Vater heißt Stefan und meine Mutter heißt Andrea. Mein Vater hat einen Bruder – hier, das ist mein Onkel Klaus. Und das ist seine Frau, meine Tante Judith.

Alles Klar 9

Der Sonntag von Familie Schmidt. Der Sonntag ist ruhig und gemütlich. Alle schlafen lange. Die Eltern kochen das Mittagessen. Die Kinder spielen. Dann essen sie Schokolade. Frau Schmidt liest ein Buch. Herr Schmidt schläft. Danach besuchen sie Freunde. Sie machen einen Stadtbummel. Die Kinder sehen einen Film.

Station 1

3a

- Hallo, Samuel, hier ist Igor.
- Hallo, Igor, wo warst du heute?
- Ich bin krank. Haben wir Hausaufgaben?
- Ja, im Arbeitsbuch die Übungen eins und zwei auf Seite 25.
- Vielen Dank. Morgen komme ich wieder.
- Dann bis morgen.

LEKTION 5 Mein Tag, meine Woche

A 5a

1. - Sie haben zwei neue Nachrichten. Nachricht 1: Freitag, 20. Januar, 18 Uhr 32.
   - Hallo, Susanne, hier ist Petra. Du, ich wollte dir unbedingt noch berichten ...
2. Vorsicht an Gleis 3! Der ICE nach Frankfurt, planmäßige Ankunft 13.47 Uhr fährt jetzt ein.
3. Es ist wieder Krimizeit! Um 20.15 Uhr, gleich nach den Nachrichten, sehen Sie heute den spannenden Tatort. Die Kommissare Beck und ...
4. Es ist 20.00 Uhr. Guten Abend, meine Damen und Herren! Sie sehen die Tagesschau.
5. Es ist 10.58 Uhr und hier ist Radio Brandenburg mit einem Verkehrshinweis für die Autofahrer ...

C 2

- Michael, was machst du diese Woche?
- Montag und Dienstag arbeite ich nicht. Am

Montag habe ich um 10.00 Uhr einen Arzttermin. Am Nachmittag gehe ich ins Fitnessstudio. Am Dienstag kaufe ich eine Fahrkarte nach Frankfurt. Da habe ich Freunde und die besuche ich am Wochenende. Danach repariere ich mein Fahrrad. Das ist schon lange kaputt. Mittwoch, Donnerstag und Freitag arbeite ich. Am Freitagabend packe ich auch den Koffer für das Wochenende. Danach höre ich vielleicht Musik. Das mache ich gern.

D 1

- Mahmut Usta, ja bitte?
- Hallo, Mahmut, hier ist Andreas. Spielen wir zusammen Fußball? Vielleicht am Dienstagnachmittag?
- Ja, gern, aber nicht am Dienstag, ich habe am Nachmittag Schule. Hast du am Mittwoch Zeit?
- Ja, das geht. Um drei Uhr habe ich Zeit.
- Geht es auch später? Am Mittwoch habe ich immer viele Hausaufgaben.
- Gut, dann um fünf. Bringst du einen Ball mit?
- Klar, das mache ich. Dann bis Mittwoch.
- Bis Mittwoch. Tschüss.

Alles Klar 1

1. - Wann kommst du?
   - Ich bin um halb sieben da.
2. Mach schnell! Es ist schon fünf nach acht! Der Bus fährt in zehn Minuten.
3. Wir melden uns wieder mit dem Heute-Journal um 21.45 Uhr.
4. - Eine neue Nachricht. Nachricht 1. Dienstag, 24. März, 09.16 Uhr.
   - Hallo Hasmik hier ist ...

Alles Klar 8

Wie spät ist es? – Wie viel Uhr ist es? – Um wie viel Uhr beginnt der Kurs? – Bis wann geht der Kurs? – Wann ist die Pause? – Hast du heute Zeit? – Gehen wir ins Kino? – Kommst du mit?

LEKTION 6 Guten Appetit!

A 1

- Gehst du einkaufen?
- Ja, das mache ich. Was brauchen wir?
- Also, wir brauchen keine Milch ... aber ... Ach ja! Kauf bitte Butter und vergiss nicht die Eier.
- Haben wir noch Brot?
- Nein, aber hol das Brot bitte nicht im Supermarkt. Geh doch in die Bäckerei. Da ist das Brot sehr gut. Und kauf bitte auch Schokolade.
- Papa, gehst du einkaufen? Dann komme ich mit!
- Gut, dann hilfst du Papa. Holt auch Obst, Orangen und Äpfel.
- Und ich möchte Kaugummi.
- Also gut. Und wir brauchen Mais. Kauft auch zwei Dosen Mais.
- Haben wir alles? Dann gehen wir. Komm, Laura.
- Halt, wartet!
- Ja?!
- Hier ist der Einkaufszettel. Vergesst nicht den Einkaufszettel!

A 5a

1. Jetzt im Angebot: Bananen aus Südamerika. Das Kilo für nur 1,10 Euro. Probieren Sie die Bananen aus Südamerika!
2. Nur heute: Joghurt von Müller. Nehmen Sie drei Becher und bezahlen Sie zwei!

B 1b

1. - Was darf es sein?
   - Ich hätte gern 200 g Hackfleisch.
   - Darf es etwas mehr sein?
   - Ja, kein Problem. Wie viel kostet das?

- Drei Euro.

2.
- Sie wünschen?
- Bitte geben sie mir sechs Brötchen.
- Sonst noch etwas?
- Ja, ich möchte noch ein Brot.
- Bauernbrot ist heute im Angebot. Das Kilo kostet nur zwei Euro.
- Gut, dann nehme ich ein Bauernbrot. Was macht das?
- Das macht zusammen 4,40 Euro.

3.
- Ja, bitte?
- Was kostet ein Kilo Tomaten?
- Das Kilo kostet 1,80 Euro.
- Dann geben Sie mir bitte zwei Kilo.
- Haben Sie noch einen Wunsch?
- Danke, das ist alles. Was macht das?
- 3,60 Euro. Danke. Und 40 Cent zurück.

B 2

1.
- Wie viel kosten die Tomaten?
- Das Kilo kostet heute 1,60 Euro.

2.
- Moment, der Wein ist doch im Angebot und kostet nur 3,29 Euro.
- Ja, das stimmt. Er kostet nicht 3,69 Euro. Ich korrigiere das.

3.
- Schau mal, in dem Prospekt sind gute Angebote. Ein Stück Butter kostet nur 95 Cent und eine Packung Müsli nur 2,39 Euro.
- Ja, ich weiß. Aber da kaufe ich nur selten ein. Andere Sachen sind manchmal teuer. Ein Liter Milch kostet 84 Cent. Das ist zu teuer.

Alles Klar 1a

- Guten Tag, was darf es sein?
- Ich hätte gern ein Kilo Kartoffeln.
- Aber gern. Sonst noch etwas?
- Wie viel kostet der Salat?
- Nur 1,20 Euro.
- Dann nehme ich noch einen Salat und zwei Orangen. Das ist dann alles.
- Das macht zusammen 3,15 Euro.
- Hier sind 3 Euro und 15 Cent, bitte.

Alles Klar 4

1. Die Bananen kosten heute nur 1,50 Euro!
2. Das macht 6,33 Euro, bitte.
3. Zusammen sind das ... Moment ... 22,40 Euro, bitte.
4. Beachten Sie unser Angebot. 200 g Hackfleisch nur 2,20 Euro.
5.
   - Was kostet das Brot da links?
   - 2,99 Euro.
6.
   - 84,44 Euro, bitte.
   - Oh, das ist aber viel. Stimmt das auch?
   - Ja, 84 Euro und 44 Cent.
7.
   - Was macht das?
   - 3,60 Euro.
8. Ein Kasten Mineralwasser für nur 3,25 Euro.

Alles Klar 9

Ich hätte gern sechs Brötchen. – Bitte geben Sie mir ein Brot. – Ich hätte gern 200 Gramm Käse. – Ich möchte ein Kilo Tomaten. – Was kosten die Äpfel? – Dann nehme ich zwei Kilo. – Wie viel kostet das? – Was macht das zusammen? – Danke, auf Wiedersehen.

LEKTION 7 Meine Arbeit

Auftaktseite 1c

1.
   - Guten Tag, ich möchte gern 200 Dollar in Euro wechseln.
   - Dann bekommen Sie 133 Euro.
2. Sprachschule Kramer, Stephanie Kuhn am Apparat. Was kann ich für Sie tun?
3.
   - Sie wünschen?
   - Wir hätten gern eine Cola und zwei Bier.

4. Wir kommen jetzt zu Lektion vier. Bitte schlagen Sie Seite 44 im Kursbuch auf.

B 4

1. ◖ Wohin gehst du, Beate?
   ◖ Zum Arzt. Ich habe um vier Uhr einen Termin. Danach besuche ich meine Freundin Linda.
   ◖ Wann kommst du zurück?
   ◖ Ich gehe später noch einkaufen. Ich denke, ich bin um acht Uhr wieder zu Hause.
2. ◖ Hallo, Tom. Kommst du jetzt von der Arbeit?
   ◖ Hallo, Michael. Nein, heute hatte ich frei. Ich hatte einen Spanischkurs und komme jetzt von der Volkshochschule. Und wohin gehst du?
   ◖ Ich muss jetzt leider arbeiten. Um halb fünf fange ich an.

C 2

◖ Basketballverein Spandau, Ulrike Rekowski am Apparat. Was kann ich für Sie tun?
◖ Guten Tag, hier spricht Thomas Kuhn. Ich will den Mitgliedsbeitrag für 2009 bezahlen. Aber ich kann Ihre Bankverbindung nicht finden ...
◖ Einen Moment bitte ... Die Kontonummer ist 2570318 bei der Berliner Sparkasse.
◖ Wie ist die Bankleitzahl?
◖ Die Bankleitzahl lautet 100 500 00.
◖ Also, ich wiederhole noch einmal: Die Kontonummer ist 2570318 bei der Berliner Sparkasse, Bankleitzahl 100 500 00. Ist das richtig?
◖ Ja, das stimmt.
◖ Dann vielen Dank und auf Wiederhören.

Alles Klar 1a

◖ Elena Brodsky.
◖ Hallo, Elena. Hier ist Lydia. Hast du am Dienstagabend Zeit? Der Film Titanic ist jetzt wieder einmal im Kino.
◖ Ja, den Film will ich gern sehen. Aber am Dienstagabend habe ich keine Zeit. Ich will meinen Bruder besuchen. Kannst du am Mittwoch?
◖ Moment mal ... Nein, das ist schlecht. Ich muss von 8.00 bis 18.00 Uhr arbeiten und dann bin ich zu müde.
◖ Ja, dann ... Geht es am Donnerstag?
◖ Ja, da kann ich.
◖ Ach, Moment, Lydia! Am Donnerstag muss ich am Abend arbeiten. Um acht Uhr fange ich an. Aber am Nachmittag habe ich Zeit.
◖ Sehr gut, am Donnerstag arbeite ich am Vormittag. Am Nachmittag habe ich Zeit und dann ist das Kino sicher nicht so voll. Ich glaube, der Film fängt um drei an.
◖ Sehr gut! Wir treffen uns dann um Viertel vor drei beim Kino. Okay?
◖ Alles klar, bis dann.

Alles Klar 8

Frau Usta geht um halb zehn aus dem Haus. Sie geht heute zuerst zum Friseur. Sie bleibt von zehn bis elf Uhr beim Friseur. Um elf geht sie vom Friseur zur Arbeit. Sie arbeitet seit drei Wochen im Supermarkt. Nach der Arbeit geht sie nach Hause. Sie macht mit ihrer Familie Abendessen.

Alphabetische Wortliste

Die alphabetische Wortliste enthält den Wortschatz der Lektionen 1–7 des Kursbuches sowie der Stationen 1 und 2. Zahlen, grammatische Begriffe sowie Namen von Personen, Städten und Ländern sind in der Liste nicht enthalten. Wörter, die zum Wortschatz des ***Test Start Deutsch 1*** und des ***Deutsch-Test für Zuwanderer (B1)*** gehören, sind markiert.
Die Zahlen geben an, wo die Wörter zum ersten Mal vorkommen (z. B. 5/B1a bedeutet Lektion 5, Block B, Übung 1a).
AT bedeutet Auftaktseite der jeweiligen Lektion.
Ein • oder ein _ unter dem Wort zeigt den Wortakzent:
ạ = kurzer Vokal
a̲ = langer Vokal
ab|holen = trennbares Verb

Nach dem Nomen finden Sie immer den Artikel und die Pluralform:
“ = Umlaut im Plural
Sg. = dieses Wort gibt es (meistens) nur im Singular
Pl. = dieses Wort gibt es (meistens) nur im Plural

–

4-Zịmmerwohnung, die, -en 3/E1a

A

A̲bend, der, -e 5/C1b
A̲bendessen, das, - 6/A7
a̲ber 2/A1b
ạb|holen 5/B1a
Ạbkürzung, die, -en 3/E3
Adrẹsse, die, -n 2/D
ạlle 4/C1a
alle̲ine 7/A5
ạlles 4/D1b
Alphabe̲t, das, -e 1/C1
ạlso 5/A7
ạlt 2/AT
Ạlter, das, Sg. 2/klar2a
ạm 4/B1
ạn 6/D2
ạnders 4/D1b
ạn|fangen 5/B1a
Ạngebot, das, -e 6/A5a
ạn|kreuzen Station1/1
Ạnmeldeformular, das, -e 2/D2a
Ạnmeldung, die, -en 7/A1a
ạn|nehmen 7/A1a
ạn|rufen 5/B3a
Ạntwort, die, -en 1/A4
ạntworten 1/AT2b
Ạnzeige, die, -n 1/E4
Ạpfel, der, “- 6/AT
Ạpfelsaft, der, “-e 6/A4
Appeti̲t, der, Sg. 6/AT
Ara̲bisch 4/C3
Ạrbeit, die, -en 2/A1b
ạrbeiten 2/A1b
Ạrbeitstag, der, -e 7/A1a
Ạrbeitszeit, die, -en 7/A1a
A̲rzt/Ä̲rztin, der/die, “-e/-nen 1/E1
A̲rztpraxis, die, -praxen 4/D1a
A̲rzttermin, der, -e 5/C2
A̲sienladen, der, “- 3/D1
a̲u̲ch 2/A1b
a̲u̲f (1): auf Deutsch 2/B1c
a̲u̲f (2): auf dem Foto 4/A1a
auf Wi̲e̲derhören 2/D2a
auf Wi̲e̲dersehen 1/A3a
A̲u̲fgabe, die, -n 7/A1a

auf|hören 5/B1a
auf|räumen 5/B1a
auf|stehen 5/B1a
aus 1/AT2a
aus|fallen 5/B2
aus|füllen 7/C2c
aus|gehen 5/B1a
Auto, das, -s 2/B3b
Autokennzeichen, das, - 1/D3

B

Bäckerei, die, -en 6/A2
Bad, das, "-er 3/E2
bald 1/A3a
Balkon, der, -e/-s 3/E1a
Ball, der, "-e 5/D1b
Banane, die, -n 6/AT
Bank, die, -en 7/AT1a
Bankkaufmann/Bankkauf-frau, der/die, Bankkaufleu-te 7/AT1b
Bankleitzahl, (BLZ), die, -en 7/C1a
Bankverbindung, die, -en 7/C2b
Basketball, der, "-e 7/B1a
Basketballtraining, das, Sg. 7/B1a
Basketballverein, der, -e 7/C2a
Bauarbeiter/in, der/die, -/-nen 1/E1
bearbeiten 7/A1a
Becher, der, - 6/A5a
bedienen 7/A1a
beginnen 5/A4
bei 4/C
Beispiel, das, -e 2/AT2a
beraten 7/A1a
Beruf, der, -e 1/E
besichtigen 4/B2a
bestellen 7/A1a
besuchen 4/B2a
Bett, das, -en 3/AT1a
bezahlen 3/E1a
Bier, das, -e 6/A7
Bild, das, -er 3/AT1a
billig 3/E4b
Birne, die, -n 6/B4
bis 1/A3a
bisschen, ein bisschen 2/A1b
bitte Station1/2
blau 3/C1
bleiben 2/A1b
Bleistift, der, -e 2/B3a
Blume, die, -n 3/A1b
brauchen 3/B
braun 3/C1
Briefträger/in, der/die, -/-nen 7/AT1b
Brille, die, -n 2/B1a
Brot, das, -e 6/AT
Brötchen, das, - 6/A7
Bruder, der, "- 4/AT
Buch, das, "-er 2/B1a
Buchstabe, der, -n 1/C
buchstabieren 1/C3
Büro, das, -s 7/A5
Bus, der, -se 5/klar2
Butter, die, Sg. 6/AT

C

Chef/in, der/die, -s/-nen 7/B1a
Chinesisch 2/A1b
Chips, Pl. 6/A6
Computer, der, - 2/B3b
Computerspiel, das, -e 5/C3
Cornflakes, Pl. 6/D2
Cousin, der, -s 4/AT2
Cousine, die, -n 4/AT2

D

da 3/AT2
Dachgeschoss, das, -e 3/D1
danach 4/B2b
Dank, der, Sg. 2/D2a
danke 1/A3a
dann 4/B2b
das 1/A2a
denn 7/A1a
Deutsch 1/B1
Deutschkurs, der, -e 2/B
Dialog, der, -e Station1/1
Dienstag, der, -e 5/C1a
Dienstagabend, der, -e 5/C3
Dienstagnachmittag, der, -e 5/D1
doch 6/A2
Donnerstag, der, -e 5/C1a
dort 4/C1a
Dose, die, -n 6/A1
draußen 7/A5
drinnen 7/A5
du 1/A3a
dunkel 3/E4a
Durst, der, Sg. 6/A4

E

EC-Karte, die, -n 7/C1a
Ei, das, -er 6/A1
Einbauküche, die, -n 3/E3
Einfamilienhaus, das, "-er 3/E3
ein|kaufen 5/B1a
Einkaufszettel, der, - 6/A
Eis, das, Sg. 4/C3
Eltern, Pl. 4/AT1
Elternhaus, das, "-er 4/D1a
enden 5/A4
Englisch 2/A1b
Englischkurs, der, -e 5/A7
Enkel/in, der/die, -/-nen 4/A1a

entschuldigen 5/A1
Entschuldigung 1/A1a
er 2/A2a
Erbse, die, -n 6/A6
Erdgeschoss, das, -e 3/D1
ergänzen Station1/1
erklären Station1/2
es 1/A3a
essen 4/C1a
etwas 6/B1c
Euro, der, -s 2/B2a

F

fahren 4/C1a
Fahrrad, das, "-er 5/C1a
falsch 2/A1b
Familie, die, -n 2/D2b
Farbe, die, -n 3/C
faulenzen 4/C1a
fehlen 3/A1a
fern|sehen 5/B1a
Fernseher, der, - 3/AT1a
Film, der, -e 4/C1a
finden (1): Arbeit finden 2/A1b
finden (2): Wie findest du...? 3/C3
Firma, die, Firmen 1/E4
Fisch, der, -e 6/AT
Flasche, die, -n 6/A6
Fleisch, das, Sg. 6/klar2
Formular, das, -e 7/A1a
Foto, das, -s 2/AT1
Frage, die, -n Station1/2
fragen 1/AT2b
Frau, die, -en 1/A3a
frei 2/D2a
Freitag, der, -e 5/C1a
Freizeit, die, Sg. 5/AT1a
Freizeitprogramm, das, -e 4/B
Freund/in, der/die, -e/-nen 3/E1a
Friseur/in, der/die, -e/-nen 1/E2
Früchtetee, der, -s 6/D2
früh 5/klar3
früher 4/D
Frühstück, das, -e 6/D1
frühstücken 6/D2
für 4/D1b
furchtbar 3/C3
Fußball, der, "-e 5/AT1a
Fußballspiel, das, -e 5/A7

G

ganz 3/C3
Garten, der, "- 3/E1a
geben (1) 6/B1c
geben (2): es gibt 4/B1
gehen (1): Wie geht es Ihnen? 1/A3a
gehen (2): Bis wann geht der Kurs? 5/A7
gehen (3): Sie geht aus dem Haus. 7/B1a
gelb 3/C1
Geld, das, Sg. 7/A1a
Geldautomat, der, -en 7/C1a
Gemüse, das, Sg. 6/B1a
gemütlich 3/C3
genug 3/E1a
gern 4/B1
Geschäft, das, -e 3/D1
Geschwister, Pl. 4/AT1
gestern 7/B6
Getränk, das, -e 6/A7
Getränkemarkt, der, "-e 6/B1a
Girokonto, das, -konten 7/C1a
Glas, das, "-er 6/A6
Gramm, das, Sg. 6/A7
grau 3/C1
grillen 7/A6
groß 3/AT2
Großeltern, Pl. 4/AT1
Großmutter, die, "- 4/AT
Großvater, der, "- 4/AT
grün 3/C1
Gurke, die, -n 6/D2
gut 1/A3a
Guten Appetit 6/AT
Guten Morgen 1/A1a
Guten Tag 1/AT

H

haben 2/D2a
Hackfleisch, das, Sg. 6/A7
Hafen, der, "- 4/B3a
Hafenrundfahrt, die, -en 4/B3a
Hähnchen, das, - 6/AT
halb 5/A1
Hallo 1/A3a
Haltestelle, die, -n 7/B5
Handy, das, -s 3/B2
hässlich 3/AT2
Haus, das, "-er 1/A1a
Hausaufgabe, die, -en 1/B1
Hausfrau, die, -en 1/E3
Hausmeister/in, der/die, -/-nen 7/AT1b
Hausnummer, die, -n 2/D1
Heft, das, -e 2/B1a
Heimat, die, Sg. 2/AT
Heimatland, das, "-er 2/klar2a
heißen 1/AT
helfen 7/A1a
hell 3/E4a
Herd, der, -e 3/AT1a
Herr, der, -en 1/A3a
heute Station1/2
hier 1/A1a
Hobby, das, -s 5/AT2

Hochhaus, das, "-er 3/E1a
holen 6/A2
Honig, der, Sg. 6/D2
hören Station1/1
Hunger, der, Sg. 6/A4

I

ich 1/AT
ich hätte gern 6/B1c
Idee, die, -n 4/B1
ihr 1/B1
im 1/A1
Imbiss, der, -e 6/D1
immer 3/E1a
in 1/A1c
interessant 5/B3a
Internet, das, Sg. 5/AT1a
Interview, das, -s 2/klar2a

J

ja 3/A2a
Jahr, das, -e 2/A1b
jeden Tag, 5/C2
jetzt 2/A1b
joggen 5/AT1a
Joghurt, der, -s 6/AT
Junge, der, -n 5/AT1c

K

Kaffee, der, Sg. 6/AT
Kakao, der, Sg. 6/D2
kalt 3/E4a
Kantine, die, -n 6/D1
Karriere, die, -n 7/A5
Kartoffel, die, -n 6/AT
Käse, der, Sg. 6/AT
Käsekuchen, der, - 6/B4
Kasse, die, -n 7/A1a
kaufen 3/B2
Kaugummi, der, -s 6/A1
Kellner/in, der/die, -/-nen 7/AT1b
kennen 4/B4
Kilo, das, -s 6/A5a
Kilogramm, das, Sg. 6/A7
Kind, das, -er 2/B3b
Kindergarten, der, "- 7/klar6
Kindheit, die, Sg. 4/D1a
Kino, das, -s 5/B1a
Kiosk, der, -e 6/B1a
Kita, die, -s 2/D2a
klar 5/D1b
klein 3/AT2
Kleinigkeit, die, -en 6/D2
klingeln 5/A6
Koch/Köchin, der/die, "-e/-nen 1/E2a
kochen 4/B2a
Kochkurs, der, -e 5/A7
Koffer, der, - 5/C2
Kollege/Kollegin, der/die, -n/-nen 7/B1a
kommen 1/AT2a
Kommode, die, -n 3/AT1a
können Station1/2
Kontakt, der, -e 7/A1a
Kontinent, der, -e 2/AT1
Kontoauszug, der, "-e 7/C1a
Kontonummer, (Konto-Nr.), die, -n 7/C1a
kontrollieren 7/A1a
Konzert, das, -e 5/D3
kosten 2/B2a
krank Station1/3a
Krimi, der, -s 5/A7
Küche, die, -n 3/AT1c
Kuchen, der, - 6/A7
Kugelschreiber, der, - 2/B1a
Kühlschrank, der, "-e 3/AT1a
Kunde/Kundin, der/die, -n/-nen 6/B1c
Kurs, der, -e Station1
Kursfest, das, -e 6/klar3
Kursleiter/in, der/die, -/-nen 5/A4
Kursliste, die, -n 7/A1a
Kursraum, der, "-e 2/B4
Kurstermin, der, -e 7/A1a

L

Laden, der, "- 7/A1a
Ladenbesitzer/in, der/die, -/-nen 7/A1a
Lampe, die, -n 2/B1a
Land, das, "-er 2/A1c
lang(e) 1/A1a
langsam 7/A1a
langweilig 3/C3
laut 3/E4a
leben 4/A4
Leben, das, - 7/B
Lebensmittel, Pl. 4/B2a
Lehrer/in, der/die, -/-nen 1/E1
leider 5/D2
lernen 1/B1
lesen 4/C1a
Lieblingsfarbe, die, -n 3/C2
liegen 2/AT2a
lila 3/C1
Lineal, das, -e 2/B1a
links 3/D1
Liter, der, Sg. 6/A7
Lust, die, Sg. 5/D2

M

machen 1/B
Mädchen, das, - 5/AT
Mais, der, Sg. 6/A1
Maler/in, der/die, -/-nen 7/AT1b
man 1/C3

manchmal 6/AT2a
Mann, der, "-er 4/A1a
Marathon, der, -s 2/C4a
Markt, der, "-e 6/B1a
Marmelade, die, -n 6/A6
mehr 6/B1c
Miete, die, -n 3/E2
Mikrowelle, die, -n 3/B2
Milch, die, Sg. 6/AT
Mineralwasser, das, - 6/D2
minus 1/D4
mit 3/E1a
mit|bringen 5/B1a
Mitgliedsbeitrag, der, "-e 7/C2c
mit|kommen 5/B1a
Mittag, der, -e 5/C1b
Mittagessen, das, - 4/B2a
mittags 6/D2
Mittagspause, die, -n 7/B1a
Mittwoch, der, -e 5/C1a
Möbel, Pl. 3/AT1c
möchten 6/B3a
modern 3/AT2
mögen 6/C
Moment, der, -e 1/C3
Montag, der, -e 5/C1a
morgen 1/A4
Morgen, der, - 5/C1b
morgens 7/A1a
Musik, die, Sg. 5/AT1a
Musiker/in, der/die, -/-nen 4/A4
Müsli, das, -s 6/A4
müssen 7/A
Mutter, die, "- 4/AT
Muttersprache, die, -n 2/A1b

N

nach (1): nach Berlin 4/B1
nach (2): Viertel nach sieben 5/A1
nach Hause 4/C2
Nachmittag, der, -e 5/C1b
Nachricht, die, -en 5/A6
Nachrichten, Pl. 5/A6
Nacht, die, "-e 5/C1b
Nachtisch, der, -e 6/D2
Nähe, die, Sg. (hier: in der Nähe) 3/E1a
Name, der, -n 1/AT1
Nationalität, die, -en 2/A
Nebenkosten, Pl. 3/E3
Neffe, der, -n 4/A1a
nehmen 4/C2
nein 3/A2a
Netz, das, -e 6/A6
neu 1/A1a
nicht 3/C3
Nichte, die, -n 4/A1a
nie 6/AT2a
niemand 4/C1a
noch 2/D2a
Nudeln, Pl. 6/AT
Nummer, die, -n 2/klar3
nur 6/A5a

O

oben 3/D1
Obergeschoss, das, -e 3/E3
Obst, das, Sg. 6/A2
Obst- und Gemüseladen, der, "- 3/D1
oder 4/D1b
öffnen 7/A1a
oft 4/C1a
ohne 6/D2
okay 3/C3
Onkel, der, - 4/AT2
Orange, die, -n 6/A1
Orangensaft, der, "-e 6/C1a

P

packen 5/C2
Packung, die, -en 6/A6
Paket, das, -e 5/B1a
Papier, das, -e 2/B1a
Partner/in, der/die, -/-nen Station2/1
Pause, die, -n 5/A4
Pfund, das, Sg. 6/A7
Picknick, das, -s 6/A7
Pizza, die, -s/Pizzen 4/C2
planen 6/klar3
Platz, der, "-e 2/D2a
Platz, der, Sg. 3/E1a
plus 1/D4
Pommes frites, Pl. 6/C1a
Portugiesisch 2/A2a
Post, die, Sg. 7/B2
Postleitzahl, die, -en 2/D1
Praxis, die, Praxen 4/D1b
Preis, der, -e 6/B2
probieren 6/A5a
Problem, das, -e 6/B1c
Programmierer/in, der/die, -/-nen 7/AT1b
putzen 7/A2a

Q

Quadratmeter, (qm), der, - 3/E1a

R

Radiowecker, der, - 5/A6
Radiergummi, der, -s 2/B1a
Radtour, die, -en 4/B2a
Rechnung, die, -en 7/A4
rechts 3/D1
Regal, das, -e 3/AT1a
Reihenhaus, das, "-er 3/E1a
Reinigungskraft, die "-e 7/AT1b

Reis, der, Sg. 6/AT
reisen 7/A5
richtig 2/A1b
rosa 3/C1
rot 3/C1
ruhig 3/E1a
rund 7/C
Russisch 4/C3

S

Saft, der, "-e 6/A7
sagen 2/A4
Sahne, die, Sg. 6/AT
Salat, der, -e 6/AT
Samowar, der, -e 3/A2a
Samstag, der, -e 5/B
Samstagabend, der, -e 5/D3
schicken 2/D2a
Schiff, das, -e 4/B3a
Schinken, der, Sg. 6/B4
schlafen 4/C1a
Schlafzimmer, das, - 3/AT1c
schlecht 3/C3
schließen 7/A1a
Schlüssel, der, - 4/C2
Schokolade, die, -n 4/C1a
schon 1/A1a
schön 3/AT2
Schrank, der, "-e 3/AT1a
schreiben 1/C3
Schreibtisch, der, -e 3/B2
Schule, die, -n 5/D1b
schwarz 3/C1
Schwedisch 2/A2a
Schwester, die, -n 4/AT
schwimmen **gehen** 5/AT1a
sehen 4/C1a
Sehenswürdigkeit, die, -en 4/B1
sehr 3/C3
sein 1/AT
Seite, die, -n Station1/3a
Sekretärin, die, -nen 1/E1
selten 6/AT2a
Sessel, der, - 3/AT1a
Sie 1/AT
sie 2/A2a
so 7/A1a
Sofa, das, -s 3/AT1a
Sohn, der, "-e 2/D2a
Sonne, die, Sg. 3/E2
Sonntag, der, -e 4/C
Sonntagnachmittag, der, -e 5/D3
sonst 6/klar1a
Spaghetti, Pl. 6/A6
Spanisch 2/A1b
Spanischkurs, der, -e 7/B4
Spaß, der, Sg. Station2/3
spät 5/A
später 1/A4
Spezialität, die, -en 6/B5
Spiel, das, -e 4/A4
spielen Station1/1
Sprache, die, -n 2/A
Sprachschule, die, -n 2/A2a
sprechen 2/A1b
Spüle, die, -n 3/AT1a
Spülmaschine, die, -n 3/B1a
Stadt, die, "-e 1/klar3
Stadtbummel, der, Sg. 4/B3c
stattfinden 5/B2
Stellenanzeige, die, -n 6/A4
Stock, der, Stockwerke 3/D1
Straße, die, -n 2/D1
Straßenfest, das, -e 4/B2a
Stück, das, (hier: Sg.) 6/A6
Student/in, der/die, -en/-nen 1/E3
studieren 7/A4
Stuhl, der, "-e 2/B1a
Stunde, die, -n 5/klar3
suchen 1/E4
super 3/C3
Supermarkt, der, "-e 4/B2a
surfen 5/AT1a
Süßigkeiten, Pl. 6/klar8

T

Tafel, die, -n 2/B1a
Tafel (Schokolade), die, -n 6/A6
Tag, der, -e 4/B1
täglich 6/AT2a
Tante, die, -n 4/AT2
tanzen 5/AT1a
Tanzkurs, der, -e 5/C3
Tanzparty, die, -s 5/A7
Tasche, die, -n 2/B1a
Taxifahrer/in, der/die, -/-nen 1/E1
Team, das, -s 7/A5
Tee, der, Sg. 6/AT
Teilnehmer/in, der/die, -/-nen 7/A1a
Telefon, das, -e 1/E4
telefonieren 7/A5
Telefonnummer, die, -n 2/D1
Tennis, das, Sg. 7/A2a
Teppich, der, -e 3/AT1a
Termin, der, -e Station1/3b
Terrasse, die, -n 3/E1a
Thailändisch 2/A2a
Tisch, der, -e 2/B1a
Tischler/in, der/die, -/-nen 1/E3
Toast, der, -s 6/D2
Tochter, die, "- 4/A1a
toll 3/C3

Tomate, die, -n 6/AT
Tomatensauce, die, -n 6/D2
treffen 4/C1a
trinken 6/AT2b
Tschüss 1/A3a
Türkisch 2/A1b
Tüte, die, -n 6/A6

U

überweisen 7/klar4
Überweisung, die, -en 7/A1a
Überweisungsformular, das, -e 7/C2c
Übung, die, -en Station1/3a
Uhr, die, -en 2/B3b
Uhrzeit, die, -en 5/A5a
um 5/A4
und 1/AT
unten 3/D1
unterschreiben 7/A1a
Urlaub, der, -e 7/A6

V

Vater, der, "- 4/AT
verdienen 7/A5
vergessen 6/A2
verkaufen 7/A1a
Verkäufer/in, der/die, -/-nen 1/E1
Verpackung, die, -en 6/A6
verstehen 6/klar2
Verwandte, der/die, -n (viele Verwandte) 4/AT
viel 3/E1a
viele 3/E1a
Vielen Dank 2/D2a
vielleicht 2/A1b
Viertel, das, (hier: Sg.) 5/A1
Visitenkarte, die, -n 2/D1
von (1): die Kindheit von Frau Müller 4/D1a
von (2): sie kommt von der Arbeit 7/B1a
von ... bis 5/A7
von Beruf 1/E
vor 5/A1
Vormittag, der, -e 5/C1b
Vorwahl, die, -en 2/D1

W

Wand, die, "-e 3/C1
wandern 5/AT1a
wann 4/B1
Ware, die, -n 7/A1a
warm 3/E4a
Warmmiete, die, -n 3/E1a
was 1/B
Waschbecken, das, - 3/A2b
Waschmaschine, die, -n 3/B2
Wasser, das, Sg. 6/AT
wechseln 7/A1a
weg|fahren 5/B3a
Wein, der, -e 6/AT
weiß 3/C1
Weißbrot, das, -e 6/B4
wer 1/A2a
wie 1/AT
Wie bitte? 1/C3
wie viel 1/D4
wie viele 2/B4
wiederholen Station1/2
Wiederholung, die, -en Station2
wieder|kommen Station1/3a
willkommen 1/AT
wir 1/B1
wissen 7/A1a
wo 1/B2a
Woche, die, -n 5/AT
Wochenende, das, -n 4/B1
woher 1/AT2a
wohin 4/B1
wohnen 1/A1a
Wohnort, der, -e 3/E1b
Wohnung, die, -en 3/AT
Wohnzimmer, das, - 3/AT1c
wollen 7/A1a
Wörterbuch, das, "-er 3/AT1b
Wunsch, der, "-e 6/B1c
wünschen 6/B4
Würfelspiel, das, -e 2/A4
Wurst, die, "-e 6/AT

Z

Zahl, die, -en 1/D
Zeit, die, -en 4/B1
Zeitung, die, -en 5/B1a
Zentralheizung, die, -en 3/E3
Zimmer, das, - 3/AT1c
zu (1): Informationen zu Ihrer Stadt 4/B4
zu (2): Sie fährt zum Supermarkt. 7/B1a
zu Hause 7/A5
Zucker, der, Sg. 6/A1
zuerst 4/B2b
Zug, der, "-e 5/A6
zurück 6/B1c
zusammen 5/C3
Zwiebel, die, -n 6/AT

Bildkarten

1 Im Kursraum. Ordnen Sie zu.

1

2

3

4

5

6

7

8

9
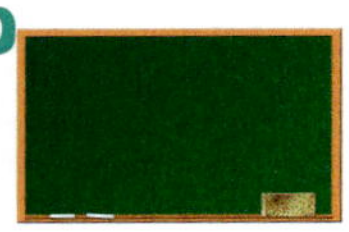

10

11

12

- ◯ der Kugelschreiber
- ◯ der Bleistift
- ◯ der Radiergummi
- ◯ der Stuhl
- ◯ die Tafel
- ◯ die Tasche
- ◯ das Heft
- ◯ das Lineal
- ◯ die Lampe
- ◯ das Buch
- (5) das Wörterbuch
- ◯ der Tisch

2 Zimmer und Möbel. Ordnen Sie zu.

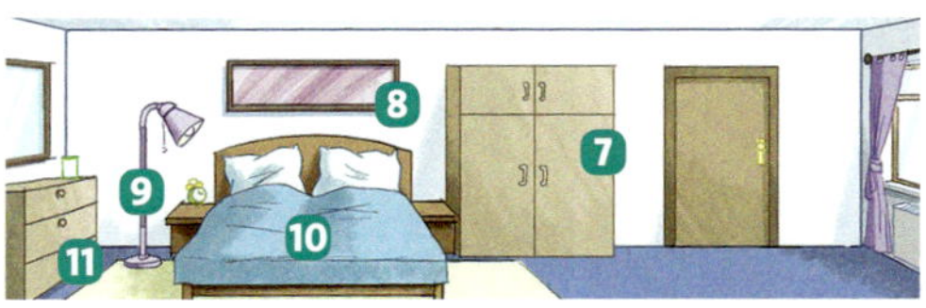

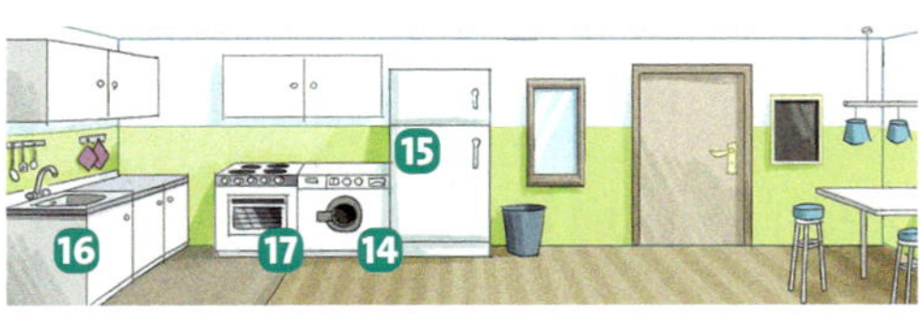

das Wohnzimmer

- (1) der Stuhl
- ◯ der Tisch
- ◯ der Sessel
- ◯ der Fernseher
- ◯ der Teppich
- ◯ das Sofa

das Bad

- ◯ das Regal
- ◯ das Waschbecken

das Schlafzimmer

- ◯ das Bett
- ◯ der Schrank
- ◯ die Lampe
- ◯ die Kommode
- ◯ das Bild

die Küche

- ◯ die Spüle
- ◯ der Kühlschrank
- ◯ der Herd
- ◯ die Waschmaschine

3 Aktivitäten. Ordnen Sie zu.

- 13 aufstehen
- ◯ einkaufen
- ◯ fernsehen
- ◯ die Kinder abholen
- ◯ die Wohnung aufräumen

- ◯ joggen
- ◯ im Internet surfen
- ◯ schwimmen gehen
- ◯ Musik hören
- ◯ tanzen

- ◯ frühstücken
- ◯ Freunde treffen
- ◯ schlafen
- ◯ kochen
- ◯ ausgehen

- ◯ ein Buch lesen
- ◯ Fußball spielen
- ◯ wandern
- ◯ einen Film sehen
- ◯ Hausaufgaben machen

4 Essen und Trinken. Ordnen Sie zu.

das Obst

das Gemüse

die Lebensmittel

die Getränke

das Obst

- ◯ der Apfel
- ◯ die Bananen
- ◯ die Orangen
- ◯ die Birne

das Gemüse

- ◯ die Tomate
- ◯ die Karotten
- ◯ die Zwiebel
- ◯ der Salat
- ◯ die Kartoffeln

die Lebensmittel

- ◯ die Pommes Frites
- ◯ das Brot
- ◯ das Brötchen
- ◯ der Kuchen
- ◯ die Butter
- ◯ die Milch
- ◯ der Joghurt
- ◯ der Käse
- ◯ die Eier
- ◯ die Nudeln
- ◯ der Reis
- ◯ die Schokolade
- ◯ der Zucker
- ◯ das Fleisch
- ◯ die Wurst
- ◯ der Fisch

die Getränke

- ◯ der Kaffee
- ◯ der Tee
- ◯ das Wasser
- ◯ der Saft
- ◯ der Wein
- ◯ das Bier

5 Berufe. Ordnen Sie zu.

1

2

3

4

5

6

7

8

9

10

11

12

13

14

- (4) der Maler
- ( ) die Bäckerin
- ( ) die Briefträgerin
- ( ) der Koch
- ( ) der Kellner
- ( ) die Bauarbeiterin
- ( ) der Lehrer
- ( ) die Ärztin
- ( ) der Taxifahrer
- ( ) die Friseurin
- ( ) der Tischler
- ( ) die Verkäuferin
- ( ) der Programmierer
- ( ) die Sekretärin

Bildquellen